- DIPLOMICA -
BAND 30

Herausgegeben von Björn Bedey

Philosophen- oder Gesetzesherrschaft?

Untersuchungen zu
Platons Politeia und den Nomoi

von

Andreas Markus

Tectum Verlag
Marburg 2006

Die Reihe *diplomica* ist entstanden aus einer Zusammenarbeit der Diplomarbeitenagentur *diplom.de* und dem *Tectum Verlag*. Herausgegeben wird die Reihe von Björn Bedey.

Markus, Andreas:
Philosophen- oder Gesetzesherrschaft?
diplomica, Band 30
/ von Andreas Markus
- Marburg : Tectum Verlag, 2006
ISBN 978-3-8288-8988-0

© Tectum Verlag

Tectum Verlag
Marburg 2006

INHALTSVERZEICHNIS

EINLEITUNG 7

1. UNTERSUCHUNG DER POLITEIA: DIE PHILOSOPHEN-
   HERRSCHAFT 9
   1.1   Kennzeichen des Politeiastaates 9
   1.2   Grundannahmen der Politeia 18
   1.3   Realpolitische Absichten 28
   1.4   Die Kritik an der Politeia 30
   1.5   Zusammenfassung des ersten Kapitels 42

2. UNTERSUCHUNG DER NOMOI: DER GESETZESSTAAT 45
   2.1   Kennzeichen des Nomoistaates 45
   2.2   Grundannahmen der Nomoi 52
   2.3   Kritik an den Nomoi 61
   2.4   Zusammenfassung des zweiten Kapitels 65

3. VERGLEICH ZWISCHEN POLITEIA UND NOMOI 67
   3.1   Vergleich der Grundannahmen 67
   3.2   Politikos: Philosophenherrschaft oder Gesetzesstaat? 75

4. FAZIT 83

5. LITERATURANGABEN 87

Einleitung

„Überhaupt gilt aber auch von jeder Regierung die gleiche Behauptung, daß die Entstehung der besten Verfassung und der besten Gesetze nur dann eintritt, wenn die größte Macht mit (der größten) Weisheit und Besonnenheit in derselben Person sich vereinigt, sonst aber niemals."[1]

Diese Aussage über die Verwirklichung der besten Regierung findet sich überraschenderweise nicht in der Politeia, sondern in den Nomoi. Überraschend, weil es eigentlich die Politeia ist, die ein Staatsmodell vorstellt, an dessen Spitze ein sogenannter Philosophenherrscher steht, der Macht und Weisheit besitzt. Die Nomoi, aus der das Zitat stammt, beschreiben hingegen einen Staat, der durch Gesetze regiert wird und nicht durch einen Staatsmann. Warum kommt es trotz ihrer grundlegenden Verschiedenheit zu deutlichen Übereinstimmungen beider Dialoge? In dieser Arbeit werden die beiden Hauptwerke der platonischen Staatsphilosophie, die Politeia und die Nomoi, untersucht. Ziel ist es herauszufinden, in welchem Verhältnis die Konzeption einer Philosophenherrschaft und die eines Gesetzesstaates zueinander stehen. Konstruiert Platon tatsächlich zwei völlig unterschiedliche Staatsmodelle oder handelt es sich um zwei Seiten einer Medaille? Die Politeia gelten als Platons Bestimmung eines Idealstaates, der auf der Erkenntniskraft des Subjekts aufbaut. Das Spätwerk Nomoi gilt als Versuch zur Rückkehr in eine vorsophistische Zeit unhinterfragbarer Regeln und Gesetze.[2] Möglicherweise findet sich die Darlegung des Idealstaates jedoch nicht in einem einzelnen Werk.

Meine Arbeitsthese ist, dass sich Platons Konzeption eines Idealstaates nicht allein in der Politeia oder den Nomoi findet, sondern dass sie sich aus dem Zusammenhang beider Dialoge ergibt. Platon wägt verschiedene Möglichkeiten ab, den Staat gerecht zu gestalten. Beide Modelle besitzen ihre Stärken und Schwächen, die auch in der Behandlung der Kritik zu Tage kommen. Der Idealstaat ist nach der Argumentation des Politikos eine Synthese aus der Philosophenherrschaft und dem Gesetzesstaat, die eine Beseitigung der Schwächen zu Folge hat, die jedes Staatsmodell für sich aufweist.

---

[1] Platon, Nomoi 712 a
[2] vgl. Hösle 621

Diese Arbeit dient der Überprüfung dieser Ansicht. Sie ist in drei Hauptschritte unterteilt. Zuerst untersuche ich jedes Staatsmodell für sich, um für den anschließenden Vergleich ein klares Bild beider Staaten vorliegen zu haben. Die Untersuchung der Staatsmodelle ist wiederum in drei Schritte gegliedert. Der erste Teil beinhaltet eine Schilderung der Kennzeichen des Staates. Er leitet die Untersuchung ein, indem er die äußere Struktur, d. h. die Ziele, Mittel, Struktur etc. des Staates vorstellt. Im zweiten Schritt werden die Grundannahmen des Staatsmodells analysiert um herauszufinden, welche Voraussetzungen Platon dort in epistemologischer, ethischer und anthropologischer Hinsicht trifft. Zusammen mit dem dritten Schritt, der Behandlung der Kritik an dem jeweiligen Staatsmodell, liefern diese Untersuchungsergebnisse den Grundstock des Vergleichs zwischen Politeia und Nomoi. In diesen Vergleich werde ich auch den Politikos einbeziehen. Dieser Dialog trifft wesentliche Aussagen bezüglich der Aufgabe des Staatsmannes, die entscheidend zur Beurteilung des Verhältnisses von Philosophenherrschaft und Gesetzesstaat beitragen.

1. Untersuchung der Politeia: Die Philosophenherrschaft

1.1 Kennzeichen des Politeiastaates

1.1.1 Ziele

Um zunächst einen Einblick in das Staatsmodell der Politeia zu verschaffen, bildet die Darlegung der Kennzeichen des Politeiastaates den Einstieg in dieses Kapitel. Die Unterteilung der Politeia in zehn Bücher erlaubt zu diesem Zweck eine schrittweise Darstellung der Kennzeichen vom ersten bis zum zehnten Buch. Geschildert werden die Ziele des Staates, die Mittel zur Erreichung dieser Ziele, die Struktur des Staates sowie dessen Realisierungsbedingungen und die Hindernisse, die einer solchen im Wege stehen.

Die erste Frage muss sein, welches Ziel die Menschen mit dem Zusammenschluss zu einem Staatenbündnis verfolgen. Platon legitimiert den Staat auf zweifache Weise. Erstens braucht der Mensch den Staat zur Sicherung seiner Grundbedürfnisse und zweitens, um ein gerechter und glücklicher Mensch zu werden. Betrachten wir jedoch zunächst die erste Begründung.

Solange nicht die Ablösung des Mythos vom Logos erfolgte, hatte die Diskussion um die Legitimationsdebatte keinen Gegenstand. Das Zusammenleben der Menschen wurde durch die Erzählungen über die Götter geordnet, die man von Generation zu Generation weitergab. Der somit göttliche Ursprung der Rechts- und Staatsförmigkeit sowie der politischen Verfassung entzieht sich dem gesamten Model der theoretischen Kritik und der politischen Veränderung. Der Wandel vom Mythos zum Logos vollzog sich schließlich über die griechische Geschichtsschreibung (Heraklit, Thukydides) und die Vorsokratiker hin zu den Sophisten. Diese leisteten also die Vorarbeit für die klassische politische Philosophie von Platon. Zudem stützt sich seine Theorie, wenn er dies in der Politeia auch nicht explizit angibt, auf Kenntnisse aus der Praxis, die er durch den Vergleich der Griechen mit anderen Stadtstaaten nichtgriechischen Gemeinwesens (Perser, Meder) und durch Koloniegründungen erhielt.

Man spricht deswegen von „erfahrungsgesättigtem Denken"[3]. Platon sieht den Menschen nicht als einen Einzelgänger, sondern als ein

---

[3] Vgl. Höffe. 224

Wesen, das sich die Gemeinschaft zu Nutze macht. Die Frage nach dem Grund für das Eingehen von Staatenbündnissen beantwortet er daher folgendermaßen:

„Ein Staat entsteht, wie ich glaube (...) deshalb, weil keiner von uns auf sich allein gestellt sein kann, sondern vieler anderer bedarf."[4] Der Staat wird gewissermaßen aus einem Notstand heraus gegründet. Grund für den Zusammenschluss ist die Hilfsbedürftigkeit der Menschen. Jeder könne eine Sache besonders gut, die er deswegen für die Gemeinschaft erledigt, wobei er sich allein auf diese Aufgabe spezialisiert. Gleichzeitig kommt er in den Genuss der Dinge, welche die anderen gut beherrschen. Die Kooperation entspringt also dem Selbstinteresse aller Beteiligten. Sie befriedigen ihre Grundbedürfnissen nach Nahrung, Wohnung und Kleidung.[5] Das normative Prinzip dieser Konzeption ließe sich folgendermaßen formulieren: Die Fähigkeiten des Einzelnen sollen der Gemeinschaft dienen. Personales und politisches Interesse entsprechen sich also in der Politeia. Platon beschreibt ein Idyll, in dem Friede und Eintracht statt Neid und Eifersucht herrschen. Diese Elementarpolis ist gänzlich ohne soziale Normen, öffentliche Gewalten, ohne Rechtsverbindlichkeit und Regierung, ohne Gesetzgebung und Gericht sowie ohne innere und äußere Sicherheit.[6] Die Freiheit von Herrschaft bedeutet jedoch nicht Ordnungslosigkeit, denn Tausch- und Arbeitsteilung sichern in der Elementarpolis die Bedürfnisbefriedigung.

Der Staat wurzelt in dem Prinzip der rationalen Arbeitsteilung. Er existiert auf Grund einer menschlichen Notlage. Sein Zweck ist jedoch nicht allein, das Überleben zu sichern, sondern das gute Leben im ethischen Sinn. Die Bürger des Politeiastaates erfahren durch die Anführer des Staates, was es bedeutet, ein gutes Leben zu führen.

Ein gutes Leben bedeutet auf lange Sicht auch ein glückliches Leben. Und da sie nicht selbst Einsicht in das Gute nehmen können, sind sie auf die Philosophenherrscher angewiesen.

Der Idealstaat ist insofern utilitaristisch, als dass seine Aufgabe darin besteht, die Bürger zum Guten und damit zum Glück ‚anzuleiten'. Das Leben der Menschen erhält damit einen kulturellen Sinn, die Ursache der Erweiterung des primitiven Staates ist. Wenn für

---

[4] Platon, Politeia 369 b
[5] vgl. Höffe. 234 f.
[6] vgl. Höffe 240

die Grundbedürfnisse der Menschen gesorgt ist, dann erweitert der Staat sein ‚Angebot' um kulturelle Güter wie Kunst, Erziehung etc. Eine Überschreitung der Grenze des Notwendigen führt jedoch unter Umständen zu einer Verschlechterung des Staates.[7]

1.1.2 Mittel

Welche Mittel setzt der Staat ein, um die Bürger zu einem guten Leben anzuleiten? Der Staat erreicht seine Ziele durch die Umsetzung der Tugenden. Der vollendet gute Staat ist weise, tapfer, besonnen und gerecht. Und von der Gerechtigkeit heißt es, sie sei wie ein Nährboden für die Tugenden.[8]

Reeve spricht in diesem Zusammenhang von der „net consequence".[9]

Gerechtigkeit verbindet die Tugenden miteinander. Die Umsetzung der Gerechtigkeit ist daher gleichbedeutend mit der Verwirklichung der Kardinaltugenden.

„The polis cannot have anyone of the four cardinal virtues, unless it has all of them. Virtues lead to happiness. Justice is all virtues in one. The polis has to be just to become happy."[10]

Die Umsetzung der Tugenden erfolgt durch sozialpolitische, staatspolitische, erzieherische und kulturpolitische Maßnahmen. Die sozialpolitischen Maßnahmen bestehen im Eingriff des Staates in die Familienplanung des Wächterstandes. Der Staat kontrolliert die Fortpflanzung, d. h. er bestimmt, welche Paare ein Kind zeugen dürfen. Dahinter steckt die Absicht, dass nur die vermeintlich Besten ihre Erbanlagen durch die Zeugung eines gemeinsamen Kindes vereinen. Zudem soll durch die Frauen- und Gütergemeinschaft die Einheit im Wächterstand gestärkt werden. In Zukunft soll sich nicht mehr feststellen lassen, wer mit wem verwandt ist und der Unterschied zwischen Mein und Dein soll aufgehoben werden, so dass alle wie eine Familie sind.[11] Die außenpolitischen Maßnahmen bestehen im Eingehen von Staatenbündnissen, die dem Machterhalt

---

[7] Platon, Politeia 373 b - d
[8] Platon, Politeia 433 b, c
[9] Reeve 243
[10] Reeve 243
[11] Platon, Politeia 460 b, c

und der Einheit des Staates dienen sollen.[12] Die Maßnahmen der Innenpolitik bestehen in der Kontrolle der Größe des Staates, der um der Einheit willen weder zu groß noch zu klein sein darf.[13] Die erzieherischen Maßnahmen dienen der Formung der Begierden.[14] Der Erziehung liegt das Prinzip des Kalokagathia zu Grunde. Dieser Begriff setzt sich aus den Wörtern „kalon" und „agathon" zusammen. „Kalon" bedeutet ‚das äußerlich-sinnlich Schöne' und „agathon" bedeutet ‚das Gute'.[15] Das Gute und das Schöne bilden gemäß diesem Prinzip infofern eine Einheit, als dass die Beschäftigung mit dem Schönen einen Mensch gut werden lässt. Indem der Staat bestimmt, was das Schöne ist, das seine Bürger zu guten Menschen werden lässt, nimmt er durch das Curriculum erzieherischen Einfluss auf sie. Durch die Regulierung der Inhalte von Religion und Kunst hat er zudem kulturpolitischen Einfluss auf die Bürger. Insbesondere die Jugend habe noch nicht gelernt, zwischen Sinnbild und Realität zu entscheiden und sei daher auf ein klares Leitbild angewiesen. So sollen über die Götter beispielsweise nur die Geschichten verbreitet werden, in denen sie ihre göttlichen Eigenschaften unter Beweis stellen und eben nicht die jugendverderbenden Geschichten, in welchen den Göttern schlechte Eigenschaften der Menschen zugesprochen werden.[16]

In dem Idealstaat, wie er bisher dargestellt wurde, ist nicht jeder Mensch seines eigenen Glückes Schmied. Zur Erreichung eines Gesamtglücks definiert der Staat, was für jeden einzelnen seiner Bürger das Glück bedeutet. Dies besteht für jeden Bürger in der Erfüllung seiner speziellen Aufgabe im Staat, die im Zusammenwirken mit den Leistungen der anderen Bürger das Funktionieren des idealen Staates gewährleistet. Unter welchen Voraussetzungen ist ein derartiger Idealstaat denkbar?

1.1.3 Voraussetzungen

Platon nennt drei Voraussetzungen zur Gründung des Idealstaates und symbolisiert die Schwierigkeit des Unternehmens durch den

---

[12] Platon, Politeia 423 a
[13] Platon, Politeia 423 c
[14] vgl. Reeve 269
[15] vgl. Reiner 228
[16] vgl. Platon, Politeia 386 a – 391 c

Vergleich mit drei aufeinander folgenden Wogen.[17] Die erste Woge besteht in der Durchsetzung der damals ungewöhnlichen Gleichberechtigung der Geschlechter.[18] Die Frau spielte eigentlich nur eine untergeordnete Rolle im griechischen Gemeinwesen. Sie hatte sich um das Hauswesen zu kümmern, weswegen sich eine Erziehung in sonstigen Angelegenheiten erübrigte. Die bereits erwähnte Frauen- und Gütergemeinschaft für die Wächter stellt die zweite Woge dar. Man kann diese Form des Zusammenlebens als eine Form des Kommunismus bezeichnen, wobei jedoch darauf hingewiesen werden sollte, dass es sich nicht um einen Kommunismus im Sinne von Marx und Lenin handelt. Ökonomische Vorteile sollten durch diese Form des Zusammenlebens nicht erreicht werden, sondern sie sollte es den Wächtern ermöglichen, ihre gesamte Kraft auf die Betreuung des idealen Staates zu konzentrieren. Familienegoismus sollte verhindert werden und nur das beste Erbmaterial sollte weitergegeben werden. Die dritte Woge besteht darin, dass Philosophen Könige bzw. Könige Philosophen werden sollen. Macht und Einsicht sollen sich in einem Philosophenherrscher vereinen. Die Philosophie steht somit im Dienste des öffentlichen und politischen Lebens. Die Realisierung des Idealstaates bedeutet, einen Staat zu entwerfen, der diesem Ideal möglichst nahe kommt. Das Gleiche gilt für den Lenker des Staates.[19] Platon beschreibt die Fähigkeiten und die Aufgabe der Philosophen im Höhlengleichnis. Sie sind in der Lage, sich von ihren Fesseln zu befreien und jenseits der Höhle, welche die gängigen Vorstellungen von den Dingen beinhaltet, im geistigen Licht des Guten die Ideen zu erkennen. Die Ideen sind das unverfälschte Wesen der Dinge. Der Philosophenherrscher erkennt die ewig gleichen und unveränderlichen Ideen. Er hat daher ein klares Leitbild vom Schönen, Guten und Gerechten und ist durch seine Macht in der Lage, dies im Staat umzusetzen.[20] Die Aufgabe der Philosophenherrscher besteht also in der Ideenschau und der Nachahmung im Staat. Sie sollen den Staat und die Sitten reinigen, um daraufhin nach ihrem inneren Leitbild alles neu zu erzeugen.[21] Im Folgenden geht Platon auf die Erziehung der Philosophenkönige ein, welche diese befähigen soll, ihrer Aufgabe nachzukommen. Durch die Beschäfti-

---

[17] vgl. Platon, Politeia 472 a
[18] vgl. Gauss (2, 2) 159
[19] vgl. Platon, Politeia 472 b, c
[20] vgl. Platon, Politeia 484 c – 485 a
[21] vgl. Platon, Politeia 501 a, b

gung mit den Wissenschaften soll sie begriffliche Klarheit über die Dinge erzeugen und den Philosophenherrscher befähigen, den wahren Wert der Dinge zu erkennen. Ferner sind die ethischen Qualitäten für die philosophische Natur ebenso wichtig wie die intellektuellen. Um einem Amtsmissbrauch vorzubeugen, verlangt Platon von den Philosophenherrschern Eigenschaften wie Verabscheuung der Unwahrheit, Lust der Seele (nicht des Körpers), Bescheidenheit, anmutige Geistesart, gereiftes Alter etc. [22]Entscheidend ist festzuhalten, dass die Philosophie für Platon die Wissenschaft vom Wesen der Dinge ist. Der Philosoph kennt die übergeordneten Ursprünge. Die philosophische Denkbewegung erfüllt ihren Sinn, wenn sie zu diesen übergeordneten Ursprüngen hinaufschreitet. Dieser Aufstieg geschieht durch die Dialektik. Schließlich sollen die Philosophen ihre Erkenntnisse aber auch zu den Menschen bringen. Philosophisches Wissen erfasst die Totalität der Wirklichkeit, wird dadurch politisch bedeutsam und begründet so seinen Machtanspruch.[23] Die Vernunftleistung der Beherrschten besteht folglich darin, sich von der Vernunft eines Vernünftigeren regieren zu lassen, da sie selbst keine Einsicht in das für sich und für die anderen Gute haben.[24]

1.1.4 Struktur

Die Gesellschaft der Politeia unterteilt sich in drei Stände. Die beschriebenen Philosophenherrscher besitzen durch ihr Wissen legitimiert die oberste Regierungsgewalt. Diese intellektuelle Elite ist monarchisch, wenn es einen herausragenden Philosophenherrscher gibt und sie ist aristokratisch, wenn es mehrere gibt.[25]

Die Staatskunst herrscht durch die Erkenntnis des Notwendigen über die anderen Künste. Deren Aufgabe besteht in der Umsetzung der Regierungspläne. Die Wächter bilden den zweiten Stand der Gesellschaft. Sie übernehmen Verteidigungs-, Verwaltungs- und Polizeiaufgaben unter Anleitung der Staatslenkung.[26] Der dritte Stand besteht aus den Bürgern. Diese arbeiten in Wirtschaftsberufen und sind beispielsweise Bauern, Handwerker oder Kaufleute.[27] Für

---

[22] vgl. Platon 485 b – 487 a
[23] vgl. Krämer 259 ff.
[24] vgl. Spaemann 164
[25] vgl. Krämer 263
[26] vgl. Platon, Politeia 386 a – 424 c
[27] vgl. Platon, Politeia 369 b – 371 b

jeden dieser drei Stände nennt Platon eine charakteristische Tugend und einen Seelenteil, durch den sein Handeln bestimmt ist.[28] Die Philosophen sind die Herrscher, die sich durch Weisheit auszeichnen und deren Handeln durch den vernünftigen Seelenteil bestimmt ist. Die Wächter haben Verteidigungs- und Verwaltungsaufgaben. Sie zeichnen sich durch ihre Tapferkeit aus und ihr Handeln ist durch den muthaften Seelenteil bestimmt. Die normalen Bürger arbeiten in Wirtschaftsberufen. Sie sind der einzige Stand, der etwas erzeugt und daher die beiden oberen Stände mitversorgt. Ihre charakteristische Tugend ist die Selbstbescheidung und ihr Handeln wird durch den begehrlichen Seelenteil bestimmt.Der Staat ist ein Organismus, bei dem das richtige Zusammenwirken seiner Teile über die allgemeine Befindlichkeit entscheidet.[29] Im Politeiastaat werden öffentliche und persönliche Angelegenheiten eng zusammengerückt. Er gewinnt dadurch, anders als die heutigen Staaten, eher lebensweltlichen als Systemcharakter. Die Aufhebung des Unterschieds zwischen dem Bürger als Individuum mit gesonderten Interessen und dem Bürger als Teil des Staates hat zweierlei Ursachen. Zum einen ist die Struktur des Staates der Struktur der menschlichen Seele nachempfunden. Aus der grundlegenden Gleichheit dieser Strukturen resultiert eine wesensmäßige Entsprechung von Individuum und Staat, die eine Identifikation mit den Zielen und Problemen des Staates erleichtert. Auf dieser Grundlage führt der Staat für seine Bürger die technische Arbeitsteilung ein. Zweitens wird dadurch die Arbeit jedes Einzelnen mit dem Gelingen und dem Glück des gesamten Staates verknüpft.

Von einer Emanzipation der bürgerlichen Gesellschaft vom Staat kann daher keine Rede sein.[30] Solange der Staat nach dem Vernunftprinzip geleitet wird, droht seine Einheit nicht zu zerfallen. Die Erhebung eines anderen Prinzips über die Vernunft bedeutet jedoch das Ende des Idealstaates und seinen schrittweisen Niedergang über andere Regierungsformen bis zur tiefsten Stufe, der Tyrannei.

---

[28] vgl. Platon, Politeia 441 c – 443 b
[29] vgl. Platon, Politeia 441 d
[30] vgl. Höffe 227

1.1.5 Niedergang

Platon beschreibt vier Herrschaftsformen, in denen anstelle des Vernunftprinzips subjektive Willkür und überflüssige Triebe das Handeln der Menschen bestimmen.[31] Das Wohl des Gesamtstaates steht nicht mehr im Vordergrund. Kriegs-, Geld- und Ehrsucht sowie Angst und Armut sind die neuen Triebfedern, die den Umbruch in Gang setzen. Der Zerfall des Herrschaftssystems hat seinen Ursprung in einer Spaltung der herrschenden Elite. Die Aristokratie des Geistes wird, verursacht durch die aufkommende Ehrsucht der Wächter, von einer Militärherrschaft abgelöst. Richtet sich deren Ehrgeiz auf Habgier und Gewinnsucht, dann entsteht aus der sogenannten Timokratie eine Oligarchie. Durch diese Herrschaft des Geldes wird die Gesellschaft in Arme und Reiche gespalten, was wiederum eine Revolution der Armen gegen die Reichen zur Folge hat, da diese Mitspracherecht fordern. Die so entstehende Demokratie scheint, so Platon, eine angenehme Verfassung zu sein, die jedem das Gleiche zukommen lässt.[32] Tatsächlich, so sagt er weiter, bietet sie den Bürgern jedoch keine Zukunftsplanung und keine Unterstützung und Lenkung ihrer Anlagen, so dass kein ordnender Zwang über das Leben der Menschen waltet. Diese formale Gleichheit aller Menschen gibt jedoch nicht die von Platon angenommene tatsächliche Verschiedenheit der Menschen in ihren Befähigungen wieder.

So sind in der Demokratie alle Meinungen gleich bedeutend, in der Oligarchie die Meinungen der Reichen und in der Timokratie die Meinungen der Ehrsüchtigen. Allein die durch ihre kognitiven und ethischen Qualitäten zur Herrschaft befähigten Philosophenherrscher kämen nicht an die Macht. Aus der Entbehrung des Vernunftprinzips zur Lenkung des Staates folgt der beschriebene Abstieg, der schließlich in der Tyrannei seinen Endpunkt findet. Diese entsteht, weil die in der Demokratie lebenden Menschen sich einen Schutzherrn auswählen müssen, der sie gegen ihre Feinde verteidigt. Dazu wären sie durch die Gleichberechtigung aller Meinungen, die einen Mangel an Einheit erzeugt, nicht selbst in der Lage. Einmal an die Macht gekommen, würde sich dieser Schutzherr je-

---

[31] vgl. Platon, Politeia 543 a – 571 a
[32] vgl. Platon, Politeia 557 b, c

doch bald zu einem Tyrannen entwickeln, der das Volk aus der ihm einmal verliehenen Macht nun nicht mehr entlässt.[33]

Die Konstitution des Staates ist durch den grundlegenden Charakter der herrschenden Gruppe geprägt. Analog zu den fünf Staatsformen beschreibt Platon fünf prägende Charakterzüge der Menschen.[34] Er unterscheidet den philosophischen, timokratischen, oligarchischen, demokratischen und tyrannischen Menschen. Jeder dieser fünf Menschentypen wird in seinem Handeln von seinem spezifischen Charakterzug gelenkt. Dies wirft die Frage auf, welche dieser Lebensformen für den Einzelnen und damit auch für den Staat am besten ist. Da Platon die Tyrannei und die Demokratie zu den prinzipienlosen Lebensformen zählt, vergleicht er die philosophische, die timokratische und die oligarchische Lebensform miteinander. Ist es am besten, das Handeln gemäß der Vernunft, der Ehre oder des Gelderwerbs auszurichten? Die Philosophie stellt sich als die umfassendste Lebensform heraus, da sie sowohl ihre eigenen Prinzipien als auch die Prinzipien der anderen Lebensformen hinterfragt und in der Lage ist, sie gegeneinander abzuwägen.[35] Ihre Einsicht in das Wesen der Dinge macht es dem Einsichtigen möglich, die Gerechtigkeit in sich selbst und im Staat zu verwirklichen. Daher eigne sich die Philosophie zur Lenkung des Staates am meisten.

1.1.6 Zusammenfassung

Die Gründe für den Zusammenschluss zu einem Staat sind die Arbeitsteilung und die Vermittlung des Guten durch die Philosophenherrscher. Der Bürger des Idealstaates ist zur Sicherung seiner Grundbedürfnisse auf die Leistungen der anderen Menschen angewiesen. Die gesamte Bürgerschaft ist wiederum auf die Philosophenherrscher angewiesen, da diese sie zu einem guten und damit glücklichen Leben anleiten. Diese Anleitung leistet der Staat hauptsächlich durch die Tugenderziehung, doch auch sein Einfluss auf Religion und Kunst spielt dabei eine Rolle. Damit er diese Anleitung zum Guten überhaupt geben kann, muss er selbst um das Gute wissen und zudem über die entsprechende Macht zu dessen Umsetzung verfügen. Die wichtigste Voraussetzung zur Realisierung des Idealstaates ist daher die Verbindung von Wissen und Macht in ei-

---

[33] vgl. Platon, Politeia 564 a
[34] vgl. Platon, Politeia 571 a – 592 b
[35] vgl. Platon, Politeia 590 a – 595 a

ner Person. Diese ist Teil des sogenannten Lehrstandes, der sein Wissen an den Wehrstand und den Nährstand weitergibt. Auf Grund der engen Zusammenarbeit dieser Gruppen wird den Staat mit einem Organismus verglichen, den das Zusammenwirken seiner Teile am Leben erhält. Das Verlassen des Vernunftprinzips bedeutet den Verfall des Staates. Stehen an Stelle des Gesamtwohls die Interessen einzelner Gruppen im Vordergrund, dann entwickelt sich daraus der Niedergang vom Vernunftstaat über die anderen Staatstypen bis zur Tyrannei.

Die Schilderung der Kennzeichen des Politeiastaates soll dazu beitragen, ein erstes Bild von Platons Staatskonstruktion zu vermitteln. Auf diesem aufbauend folgt im nächsten Teil der eigentliche Kern dieses Kapitels. Dort werden die philosophischen Grundannahmen dieses Staatsmodells untersucht. Wie begründet Platon den Herrschaftsanspruch der Philosophen? Was ist das Gute, das sie den Menschen angeblich vermitteln können? Was ist ein guter Mensch und warum braucht er Hilfe, um gut zu werden?

1.2 Grundannahmen der Politeia

1.2.1 Epistemologie

Da Platon Politik mit Wissen gleichsetzt, fordert er eine Herrschaft der Sachverständigen, in der die Experten zu Entscheidungsträgern ernannt werden. Die Menschen sollen nicht in irgendeiner beliebigen Aristokratie leben, in der die Abstammung über das Amt entscheidet, sondern in einer Technokratie, in der allein die Fähigkeiten zählen. Platon fordert jedoch nicht allein eine politische Technokratie, sondern die Herrschaft eines metapolitischen Wissens, die Herrschaft der Philosophie. Wie lässt sich diese Forderung begründen? Nach Platon ist das philosophische Wissen politisch bedeutsam, weil es die Totalität der Wirklichkeit erfasst. Die Philosophen, also diejenigen, die Einsicht in die Ideen haben, erheben zu Recht einen Machtanspruch, weil durch die Umsetzung ihres Wissens der gerechte Staat errichtet werden kann. Die Voraussetzung für ein derartiges Staatssystem ist die Existenz und die Erreichbarkeit eines absoluten Wissens. Ob dieses Wissen erreichbar ist, ist dabei eine rein philosophische Fragestellung.

Im Folgenden werden Platons Epistemologie und die Ethik der Politeia untersucht. Es soll herausgefunden werden, auf welchen epistemologischen Grundannahmen Platons Forderung der Philosophenherrschaft beruht und wie er aus diesen die Grundforderungen einer Ethik entwickelt.

Das Höhlengleichnis erweist sich als sehr vielschichtig, weil es Aussagen zu verschiedenen Bereichen macht. So beinhaltet es eine Ontologie, welche die Abstufung des Seins in Ideen, mathematische Entitäten, Einzeldinge und deren Abbilder unterteilt. Der Wahrheitsgehalt verringert sich dabei von den Ideen zu den Abbildern. Dieser Ontologie ordnet Platon in seiner Erkenntnislehre verschiedene Erkenntnisweisen zu. Die Ideen werden durch intuitives Denken (noesis) erkannt, die mathematischen Entitäten durch das diskursive Denken (dianoia), die Einzeldinge durch das Fürwahrhalten (pistis) und die Abbilder durch ein Vermuten (eikasia).[36]

Das gesamte Sein unterteilt sich also in die erwähnten vier Bereiche und der Mensch kann in jeden der Bereiche Einsicht nehmen, da er über die dazu notwendigen Erkenntnisweisen verfügt. Wie weit der Mensch auf der Stufenleiter der Erkenntnis fortzuschreiten vermag, richtet sich nach seinen dialektischen Fähigkeiten. Werden diese der Reihe nach vom Vermuten über das Fürwahrhalten und das diskursive Denken durchschritten, dann gelangt der Mensch schließlich zum intuitiven Denken, welches die Wahrheit erfasst. Eingebettet in die Thematik der Politeia lassen sich die Trugbildern als gängige Vorstellungen von Gerechtigkeit im politisch-moralischen Sinn deuten. Platons Beschreibungen des Seins und der verschiedenen Erkenntnisweisen sind jedoch nicht rein deskriptiv, sondern sie beinhalten auch ein normatives Moment. Er betont die Notwendigkeit, die Höhle und damit die alltägliche Erkenntnishaltung zu verlassen und durch das Durchschreiten der verschiedenen Erkenntnisstufen zur Wahrheit zu gelangen.Man sollte jedoch genauer betrachten, wie dieser Erkenntnisprozess sich nach Platons Überzeugung vollzieht.[37] Diese Entwicklung und der Fortschritt finden durch eine rückwärts gerichtete Bewegung statt, nämlich durch die Erinnerung an verdecktes Wissen, und nicht durch den Hinzugewinn von neuem Wissen. Der Mensch gewinnt Erkenntnis von nicht aus der Erfahrung stammenden Kategorien. In der modernen Terminologie bezeichnet man dies als Wissen „a priori". Platon spricht von einer „Anamnesis", also von einer Wiedererinnerung. Die Anamnesi-

---

[36] vgl. Platon, Politeia 509 c – 511 e
[37] vgl. Hösle 360 - 371

stheorie entwickelt Platon als Antwort auf ein Sophisma im Menon-Dialog. Dieses besagt, dass es unmöglich sei, etwas zu lernen, denn entweder wisse man es schon oder man versuchte erst gar nicht, es zu lernen, weil man nicht um es weiß und daher die ‚Lücke' auch nicht bemerkt. Aus Sokrates' Antwort geht hervor, dass Lernen für ihn nicht den Übergang von Nicht-Wissen zu Wissen bedeutet, sondern ein Rückerinnern an die Dinge, die mit der Geburt vergessen wurden. Die Seele existierte schon vor ihrer Geburt und sie befand sich damals in unmittelbarem Kontakt mit den Ideen. Mit der Geburt, dem Eintritt in die Sinnenwelt, wurde sie jedoch von ihrem Ursprung abgeschnitten. Sie befindet sich in einem Zustand der Vergessenheit. Vor diesem Hintergrund bezeichnet Voegelin die Vergessenheit als einen Zustand des Nicht-Wissens, der existentiellen Unordnung; die Erinnerung sei ein Zustand des Wissens und der existentiellen Ordnung.[38] Die Zustände der Vergessenheit und der Erinnerung sind Modalitäten des Bewusstseins, von denen der erste durch Erinnerung in den zweiten übergeführt werden kann. Wodurch kann dieser Prozess der Anamnese ausgelöst werden? Die Entdeckung von Widersprüchen in der sinnlichen Welt und die damit verbundene Entdeckung des eigenen Nicht-Wissens bilden den Ursprung für die Suche in sich selbst. Ist diese Suche erfolgreich, dann wird die ursprüngliche Verbindung der Seele zur Ideenwelt wiederhergestellt. Die Ordnung, die der Mensch dann in seinem Bewusstsein vorfindet, ist auch die Ordnung seiner Existenz. Ursprünglich existiert keine Unterscheidung von Individuum und Staat. Erst in der Sinnenwelt findet diese Trennung statt. Wenn es jedoch gelingt – und das ist Platons Ziel – die Menschen dazu zu bewegen, sich an diese ursprüngliche Einheit und Ordnung zu erinnern, dann erkennen sie auch die Übereinstimmung der Ziele von Individuum und Staat. Die Theorie von der Präexistenz der Seele übernimmt somit eine stabilisierende Funktion, die zwischen Staat und Individuum vermittelt. Von denjenigen, die in der Lage sind, sich von ihren gewöhnlichen Vorstellungen zu befreien und die Ideen zu erkennen, fordert Platon, diesen Weg auch zu gehen und sich nicht allein mit dem äußeren Schein zufrieden zu geben. Aus der Grundannahme, dass das Gute existiert und erkannt werden kann, leitet Platon die Forderung ab, diesen Weg zu durchschreiten. Die Erkenntnis des Guten soll nicht um seiner selbst willen geschehen,

---

[38] vgl. Voegelin 9

sondern Platon betont die Pflicht der Philosophen, in die Höhle zurückzukehren, um den anderen Menschen die Erkenntnisse zu vermitteln. Die Epistemologie der Politeia setzt die Existenz und die Erreichbarkeit eines absoluten Wissens voraus. Sie ist eng mit der Ethik verbunden, weil auf der höchsten Erkenntnisstufe auch die Idee der Gerechtigkeit gesehen werden kann.

1.2.2 Ethik

Die nun folgende Untersuchung der ethischen Grundannahmen soll anhand von drei Fragen durchgeführt werden. Welche Wahrheitsbedingungen liegen der Metaphysik der Ethik zu Grunde? Warum soll der Mensch gut sein? Was ist Gerechtigkeit? Platon ist Kognitivist, d. h. er vertritt die Ansicht, dass sich die Gerechtigkeit als solche im menschlichen Geist befinden kann, nicht jedoch in seinen Gefühlen und Einstellungen. Gerecht ist daher nicht diese oder jene Handlung, wie die Diskussionspartner im ersten Buch der Politeia behaupten, sondern die Gerechtigkeit ist ein in sich begründeter Wert. Gerecht ist nicht die Eigenschaft einer Handlung, sondern die des Handelnden. Sie bildet jedoch keinen festen Bestandteil seiner Psyche, was die Position eines ethischen Naturalismus annehmen würde, sondern sie existiert unabhängig vom Geist der Individuen, was der Position des ethischen Realismus entspricht.

Der Mensch erlangt Erkenntnis über die Dinge, indem er sie über die Stufenleiter der Erkenntnis zu ihrem Ursprung in den Ideen zurückverfolgt. Damit kann der menschliche Geist beispielsweise Anteil an der Idee der Gerechtigkeit nehmen, sie existiert jedoch unabhängig von ihrem Betrachter. Dessen Handlungen könnten dann an der Idee der Gerechtigkeit teilhaben, aber sie sind nicht die Gerechtigkeit selbst.

Warum will der Mensch gerecht sein? Die *konsequentualistischen* Theorien gehen davon aus, dass die ethischen Wahrheiten unseren Willen durch unsere Leidenschaften anregen. Demzufolge würden alle gerechten Handlungen erfolgen, weil die Leidenschaften erfüllt werden, wenn man gerecht ist. Gerechte Handlungen wären damit an die Erfüllung der Leidenschaften geknüpft. Es erfolgt eine Art Belohnung für gerechtes Verhalten. Diese Theorie erweist sich insofern als problematisch, als dass die Leidenschaften der Menschen sehr verschieden sein können.

Es ist nicht möglich, die verschiedenen menschlichen Leidenschaften zur Grundlage einer universellen Forderung nach Gerechtigkeit zu machen. Ihre Verschiedenheit bildet eine schlechte Grundlage, um eine universelle Forderung nach Gerechtigkeit auszusprechen. Die *deontologischen* Theorien, wie sie auch Kant vertritt, gehen davon aus, dass die ethischen Wahrheiten unseren Willen unabhängig von unseren Leidenschaften in Anspruch nehmen. Sie sind eine Art Gesetz, das wir durch unsere Vernunft wahrnehmen. Diese deontologischen Theorien haben auf Grund der Allgemeinheit der Vernunft, die zum Wesen des Menschen gehört, nicht das Problem, auf den verschiedenen Leidenschaften die Gerechtigkeit zu gründen. Dafür haftet dem transzendentalen Idealismus der Vorwurf an, eine mystische Theorie zu sein, die sich nicht intersubjektiv überprüfen lasse. Platon vertritt in der Politeia eine naturalistische Deontologie, die eine Verbindung zwischen dem Konsequentualismus und dem Deontologismus herstellt. Die Leidenschaften der Menschen werden dadurch befriedigt, dass sie gerecht sind. Es besteht überhaupt kein Widerstreit zwischen den Leidenschaften und der Gerechtigkeit, da der Mensch dann am glücklichsten wird, wenn er gerecht ist.[39] Die ethische Motivation gerecht zu sein, besteht demnach in dem Glück, welches dem gerechten Mensch zuteil wird, wenn er gerecht ist. Doch worin besteht diese glücksverheißende Gerechtigkeit? Die herkömmlichen Vorstellungen über die Gerechtigkeit werden im ersten Buch der Politeia behandelt. Sie lassen sich in die *objektiv-utilitaristische* Auffassung und die Position des sophistischen Machtpositivismus unterscheiden.[40] Die objektiv-utilitaristische Auffassung, vom Dialogteilnehmer Kephalos vertreten, betrachtet die Gerechtigkeit als ein Gut, das man wegen seiner Folgen erstrebt. Externe Faktoren wie die Meinung anderer, die erhoffte Stellung in der Gesellschaft oder der Jenseitsglaube veranlassen den Menschen, gut zu sein. Dadurch wird immer durch andere konstituiert, was gut ist, und nie durch den Handelnden selbst. Doch die reflexionslose Befolgung der Sittlichkeit kann auch schlecht sein. Wenn es allgemeinhin als gut gilt, eine geliehene Sache zurückzugeben, dann kann dies unter bestimmten Umständen auch schlecht sein. Beispielsweise, wenn es sich dabei um die Waffe handelt, die man sich von einem wahnsinnig gewordenen Freund geliehen hat. Thrasy-

---

[39] vgl. Reeve 267
[40] vgl. Hösle 542 ff.

machos, ein weiterer Dialogteilnehmer, vertritt die Position des *sophistischen Machtpositivismus*. Gerechtigkeit sei das Recht des Stärkeren. Dieser Auffassung lässt sich zugute halten, dass sie ein subjektives Element enthält, dessen die objektiv-utilitaristische Auffassung gänzlich entbehrt. Allerdings enthält sie nur dieses subjektive Element. Daher richtet sie sich gegen die Gemeinschaft der auf Sittlichkeit aufbauenden Polis. Platon erzeugt eine Synthese aus beiden Extrempositionen, indem er die Gerechtigkeit als ein Gut an sich herausstellt. Er zeigt, dass eine Homologie zwischen dem subjektiven und dem objektiven Geist, zwischen Individuum und Polis besteht: „...in der individuellen Seele, wie im Staat sind die gleichen ontologischen Gesetze konstitutiv."[41] Die Gerechtigkeit wird immanent aus dem Subjekt erklärt, da sie durch das Zusammenspiel der drei Seelenteile entsteht, wie sich bei der Untersuchung der anthropologischen Grundannahmen noch zeigen wird. Daher besteht eine Verbindung zum Gerechtigkeitsbegriff des sophistischen Machtpositivismus. Doch Platon erweitert diese Auffassung um das objektive Element. So kommt es zu einer Deckungsgleichheit von subjektiver und objektiver Gerechtigkeit. Wie die Lehre von der Präexistenz der Seele besagt, bestand diese Einheit auch ursprünglich und wurde erst durch die Existenz in der empirischen Welt aufgehoben. Sie kann jedoch durch die erwähnte Rückerinnerung neu entstehen. Das Wissen um das Wesen der Tugend gelangt durch das Philosophieren zurück in das Bewusstsein, wo es die weltliche Vergessenheit verdrängt.[42] „Der Mensch kann für Platon nur deswegen gut werden, weil er es potentiell schon ist, da die Arete die Strukturierung seines Wesens ist, das auf sie schon immer ausgerichtet ist; da die Arete nur die Wahrheit der Seele ist, die sie durch Reflexion auf sich selbst finden kann."[43] Im Dialog „Protagoras" stellt Platon heraus, dass die Tugend lehrbar ist. Weil das Wissen zu ihrem Wesen gehört, ist es auch möglich, durch die Rückerinnerung tugendhaft zu werden.

Nur wem diese Rückerinnerung nicht gelingt, der gibt sich in seiner Unwissenheit falschen Lüsten hin und verfolgt individuelle Ziele. Wenn sein Bewusstsein nicht getrübt wäre, dann würde er erkennen, was das Gute ist und dies auch erstreben, da er ferner erkennen

---

[41] Hösle 545
[42] vgl. Voegelin 9
[43] Hösle 371

würde, dass das Gute glücklich macht. Dieser Gedankengang finden sich in den Dialogen Protagoras, Gorgias, Politeia und Nomoi.[44] Platon gelangt durch zwei Synthesen zu einem neuen Gerechtigkeitsbegriff. Die erste Synthese besteht darin, dass er die konsequentualistische und die deontologische Theorie zu einer naturalistischen Deontologie verbindet und damit zeigt, dass die ethische Motivation, gerecht zu sein, in dem Glück besteht, welches der Gerechte erfährt. Die zweite Synthese besteht in einer Verbindung aus der objektiv-utilitaristischen Auffassung mit dem sophistischen Machtpositivismus. Platon zeigt damit, dass die Gerechtigkeit auch ein Gut an sich ist und das Individual- und politische Ethik eine Einheit bilden. Die Gerechtigkeit ist demzufolge ihrer selbst wegen erstrebenswert, doch auch wegen ihrer Folgen, denn der gerechte Mensch ist auf lange Sicht auch der glückliche Mensch. Und nur der gerechte Staat kann auf lange Sicht eine glückliche Existenz führen. Im Verfallsmodell führt Platon vor, wie das Verlassen des Vernunftprinzips unweigerlich zum Niedergang des Staates und zum Verlust der Gerechtigkeit führt. Auch in diesem Modell zeigt sich die Homologie von Polis und Psyche. Derjenige, der nach Geld strebt, hält einen Staat für gerecht, der seine Entscheidungen auf der Grundlage finanzieller Erwägungen trifft. Und wer nach Ehre strebt, wird glauben, auf diesem Weg den Staat gerecht machen zu können. Das Geld oder die Ehre werden zu Prinzipien erhoben. Wer jedoch in einem solchen Staat dem herrschenden Prinzip nicht folgt, dem wird auch keine Gerechtigkeit zuteil. Nach Platon ist es allein den Philosophen möglich, diese Erkenntnisweise durch die Dialektik zu verlassen und das Wesen der Gerechtigkeit zu erkennen. Dieser Umstand ermöglicht es ihnen, die Gerechtigkeit als einendes Prinzip über alle Bürger des Idealstaates zu erheben. Die Glücksbestrebungen der Bürger laufen sich nicht zuwider, denn jeder, der sein eigenes Glück verfolgt, muss zugleich das Wohl der Gesamtheit im Auge haben, da alle Handlungen durch das Prinzip der Gerechtigkeit voneinander abhängig sind. Die Gerechtigkeit wird zum Regulativ der staatlichen und menschlichen Einheit.[45]

„The wisdom loving philosopher kings identify the things not with it figures, but with it forms, they will identify the good with itself,

---

[44] vgl. Voegelin 244 ff.
[45] vgl. Platon, Politeia 504 c

with the structure of the polis in which they know that they and everybody else will be maximally happy."[46]

1.2.3 Anthropologie

Der Mensch ist nach Platon ein Polis-Wesen. Er hat gewisse Grundbedürfnisse, die sich durch die technische Arbeitsteilung im Rahmen der Polis leichter realisieren lassen. Dies setzt seitens der Menschen die Fähigkeit voraus, sich in eine kooperative Arbeitswelt einzugliedern und ihre Bedürfnisse an den Ertrag der gemeinsamen Arbeit anzupassen. Die gesamte Polis befindet sich zunächst in einem Elementarzustand. Sie konstituiert sich aus den menschlichen Grundbedürfnissen. Da die biologischen Bedürfnisse des Menschen nicht von Natur aus gestillt werden, besteht die Notwendigkeit zur Arbeit. Auf diese Weise entsteht das Ökonomische, die Arbeits- und Berufswelt. Diese Elementarpolis ist gänzlich ohne soziale Normen, öffentliche Gewalten, ohne Rechtsverbindlichkeit und Regierung, es existiert keine Gesetzgebung, kein Gericht, keine innere und äußere Sicherheit.

Sie ist also eine staatslose Gemeinschaft, eine bloße Gesellschaft. Die Freiheit von Herrschaft bedeutet jedoch nicht Ordnungslosigkeit, denn Tausch und Arbeitsteilung sichern in der Elementarpolis die Bedürfnisbefriedigung. Warum findet ein Wandel von der zwangsfreien Elementarpolis zur zwangsbefugten politischen Gerechtigkeit statt? Die zwangsbefugte politische Gerechtigkeit ähnelt dem Staatswesen im modernen Sinn, denn auch dieses besitzt Zwangscharakter. Dies bedeutet, dass es Strafgesetze gibt und Abgaben entrichtet werden müssen, wie im Fall der Polis an die Wächter und die Herrscher. Mit welchem Recht dürfen Menschen über andere Menschen herrschen? Die Unzufriedenheit der Menschen erzeuge in ihnen die Begehrlichkeit, die sie mehr verlangen lässt, als für die Deckung ihrer Grundbedürfnisse nötig wäre.[47] Der so aufkommende Luxus erzeugt soziale Unterschiede. Das Bedürfnis nach innerem und äußerem Schutz wächst und mit ihm entsteht eine neue Berufsgruppe, die Wächter. Platon schreibt dem Mensch drei Beziehungen zu, die er zu seinen Grundbedürfnissen einnehmen kann. Die Urzufriedenheit prägt die Menschen der Polis in ihrem Elementarzustand und die Begehrlichkeit, die sich durch das Streben nach Luxusgü-

---

[46] Reeve 248
[47] vgl. Platon, Politeia 373 d - 374 e

tern auszeichnet, veranlasst die Einführung der Herrschaft. Doch der Mensch besitzt auch die Fähigkeit zur Selbstbeherrschung. Er ist in der Lage, seine Begehrlichkeit durch die Besonnenheit zu überwinden. Dies wirft die Frage auf, ob Herrschaft unter besonnenen Menschen, die sittlich gebildet sind, nicht überflüssig wäre. Auf derartige Kritikpunkte wird gezielt im nächsten Kapitel eingegangen werden. Die Legitimation der Herrschaft ist an zwei Argumente geknüpft. Zum einen ist die Einführung der Herrschaft nötig, um Wächter, also eine Art Polizei oder Militär, zur Sicherung des friedlichen Zusammenlebens der Menschen untereinander und mit anderen Staaten zu haben. Außerdem benötigt man Staatslenker zur Vermittlung der sittlichen Bildung. Platon begründet die Herrschaft nicht verfahrensrechtlich, sondern inhaltlich. In einer modernen Demokratie soll auf dem verfahrensrechtlichen Weg das inhaltlich Beste hervorgebracht werden. In Platons System ist es genau umgekehrt. Der Staatslenker oder auch Philosophenherrscher kennt das inhaltlich Beste, da er Einsicht in die Ideen hat. Es gibt sozusagen keine Diskussion mehr über die Frage, was für den Staat am besten ist, da dem Herrscher dies bereits alles bekannt ist. Es muss ‚nur noch' an die Polisbürger weitergegeben werden. Doch wie kann ein Mensch wissen, was für alle anderen das Beste ist, während sie selbst es nicht wissen? Die Beantwortung dieser Frage erfordert eine genauere Betrachtung der Anthropologie. Das Höhlengleichnis beinhaltet wesentliche Elemente der Anthropologie. Es stellt die verschiedenen Erkenntnisarten, zu denen der Mensch fähig ist, dar. Demnach ist der Mensch dazu verdammt, wie ein Gefangener in einer Höhle nicht die wahre Gestalt der ihn umgebenden Dinge zu erkennen, sondern lediglich die an ihm vorüberziehenden Schatten, welche die falschen Vorstellungen von den Dingen symbolisieren. Er ist jedoch auch dazu in der Lage, die Höhle zu verlassen und im Licht der Sonne die wahre Gestalt der Dinge zu erkennen und den anderen von ihr zu berichten. Diese Erkenntnis der Ideen ist die natürliche Bestimmung des Menschen. Aus dem Höhlengleichnis geht jedoch nicht hervor, ob <u>jeder</u> Mensch in der Lage ist, das wahre Wesen der Dinge zu erkennen und damit seiner natürlichen Bestimmung gerecht zu werden. Um in den Bildern des Gleichnisses zu sprechen, müsste man daher fragen, ob es den anderen Gefangenen auch möglich wäre, sich ihrer Fesseln zu entledigen. Oder sind sie dazu gar nicht in der Lage und auf die Hilfe derjenigen angewiesen, denen der Ausstieg aus der Höhle gelingt? Der Umstand, dass Platon im Rahmen des Höhlengleichnisses nur einen Menschen beschreibt, dem der Ausstieg gelingt, deutet darauf hin, dass er diese Fähigkeit tatsächlich nur sehr wenigen zuschreibt. Man kann daher sagen, dass die Möglichkeit zur Erkenntnis der Ideen in jedem Mensch angelegt ist. Die wenigsten sind jedoch dazu in der Lage, sie zu gebrauchen, daher sind die meisten auf die Hilfe eines ‚Einsichtigen' angewiesen. Welche Eigenschaften ermöglichen bzw. verhindern die Erkenntnis. Und warum sollte der Mensch sich überhaupt um Erkenntnis bemühen?Auf diese Fragen geben das achte und das neunte Buch der Politeia Antwort. In jedem Mensch existieren drei Seelenteile: der vernünftige, der mutige und der begehrende Seelenteil. Jedem dieser Seelenteile wird eine Freude zuteil. Während die Vernunft auf die Erkenntnis abzielt und daher den an sich guten Seelenteil ausmacht, so zielt der Mut auf den Sieg und die Begierde auf das Geld ab. Die wahre Einsicht wird dem Mensch nur dann zuteil, wenn der vernünftige Seelenteil die anderen Seelenteile beherrscht. Fortwährend streiten in ihm das Tüchtige und das Schlechte miteinander; Ehre, Geld und Macht drohen den Mensch von der Gerechtigkeit abzubringen, die er nur erlangen kann, wenn der vernünftige Seelenteil über den unvernünftigen in ihm herrscht.

Die Herrschaft des vernünftigen Seelenteils ist daher die grundlegende Erkenntnisbedingung des Menschen. In diesem Zusammenhang lässt sich auch die zweite Frage beantworten. Der Mensch sollte sich um Erkenntnis bemühen, weil er auf diese Weise gerecht wird und der Gerechteste ist auch der Glücklichste. Einsicht und Glück hängen untrennbar zusammen. Der einzige Weg, der zu dauerhaften Glück führt, ist die Einsicht. Und dies gilt nicht nur für den Einzelnen, sondern für die gesamte Gesellschaft. Die Gültigkeit der von Platon entwickelten Maßstäbe beruht auf der Vorstellung von einem Menschen, der das Maß der Gesellschaft sein kann. In der Politeia liegt eine parallele Konstruktion der Seelenteile des Menschen und der Teile des Staates vor. Die Selbstverwirklichung der vernünftigen Seele bedeutet Gerechtigkeit und führt zur Schaffung des gerechten und vernünftigen Staates. Vom tyrannischen Staat heißt es, er sei der schlechteste und unglücklichste. Das Königtum sei hingegen der beste und glücklichste Staat. Allein die Führung der Vernunft kann den Einzelnen und den Staat glücklich machen, indem sie ihn gerecht macht.

1.2.4 Zusammenfassung

Man kann daher festhalten, dass Platon die Existenz und die Erreichbarkeit eines absoluten Wissens annimmt. Das Sein unterteilt sich gemäß dieser Vorstellung in Ideen, mathematische Entitäten, Einzeldinge und deren Abbilder. Dieser Ontologie ordnet er vier Erkenntnisweisen zu. Das absolute Wissen kann durch das Durchschreiten dieser Erkenntnisstufen von den Abbildern zu den Ideen kraft der Dialektik erreicht werden. Das Gute ist die metaphysische Erkenntnisbedingung, welche die Ideen für die Vernunft wahrnehmbar macht. Dieser Weg kann nicht nur, sondern er soll gegangen werden. Es ist die natürliche Bestimmung des Menschen, die Wahrheit herauszufinden. Gemäß der Position des ethischen Realismus bildet diese Wahrheit keinen festen Bestandteil der menschlichen Psyche, sondern sie existiert unabhängig von ihr. Erreichen lässt sich die Idee der Gerechtigkeit nur durch die Vernunft.

Da aber in den meisten Menschen nicht die Vernunft über die anderen Seelenteile herrscht, sondern vielmehr diese die Vernunft beherrschen, sind die Menschen auf die Herrschaft der Einsichtigen angewiesen. Diese vermitteln den Bürgern durch ihre Anordnungen die Idee der Gerechtigkeit und zeigen ihnen dadurch den einzigen Weg, der gemäß Platons naturalistischer Deontologie auf lange Sicht glücklich macht.

1.3 Realpolitische Absichten

Die Beschreibung des Staates zielte ursprünglich darauf ab, die Idee der Gerechtigkeit im Großen darzustellen, weil sie sich dort besser erkennen ließe als im einzelnen Menschen. Da die Gerechtigkeit im Menschen dieselbe Gerechtigkeit wie im Staat ist, wurde das ursprüngliche Ziel durch die Beschreibung des Staates erreicht. Doch war der einzige Zweck der Politeia die Darstellung der Gerechtigkeit im Menschen? Waren die Beschreibungen der Ausbildung der Philosophenherrscher, der übrigen Stände im idealen Staat und schließlich seines Niedergangs im Grunde eine Anthropologie und eine Ethik, die keinerlei realpolitische Absichten in Bezug auf die gesamte Gesellschaft beinhalten? Bei der Beantwortung dieser Frage lassen sich drei Grundpositionen ausmachen: die individualethische Position, die realpolitische Position und die extrem realpolitische Position. Annas vertritt beispielsweise die *individualethische Ansicht*, die besagt, dass es Platon nicht um eine Realisierung dieses Staatsmodells ging, sondern vielmehr darum, dem Individuum ein Leitbild zur Entwicklung seiner Tugenden zu geben.[48] Die Philosophenherrschaft symbolisiere die Herrschaft der Vernunft über die Begierden der Seele und die schlechten Staatsordnungen symbolisieren die Herrschaft der Begierden der Seele über die Vernunft. Die Beschreibung des Staates wäre demnach eine Art Vehikel zur Vermittlung einer Theorie über die menschliche Seele. Frede, der sich ebenfalls zu den Vertretern dieser Ansicht zählen lässt, nennt dies die Darstellung einer Entwicklungsgeschichte der Moralität und eine Psychopathologie der Bürger.[49]

Im Gegensatz dazu geht Müller davon aus, dass Platon beim Verfassen der Politeia tatsächlich *realpolitische Absichten* hatte.[50] Die Politeia verkünde eine Heilswahrheit, ähnlich den christlichen Ordensidealen. Das Heil bestehe in einem geordneten und sauberen Staat und dem Wissen um eine Existenz einer Leben und Tod beherrschenden Wahrheit. Die Heilsverkünder wären die Philosophen, durch die Gemeinschaften entstehen, die ihr Leben nach der Heilswahrheit ausrichten und auf diese Weise den wahren Staat gründen. Platon habe die Ansprüche der Politeia zwar selbst für unerreichbar gehalten, jedoch nicht zugegeben, dass dies nur ein ideales Ziel ist, weil er Reformen durchsetzten wollte. Um in der Politik wenigstens etwas zu verändern, habe er das Ziel möglichst hoch angesetzt. Auch nach Vretska ist die Politeia

„... ewiger Auftrag an die Menschen, den besten ihnen möglichen Weg zu gehen, um hier in dieser Welt den Staat an den Staat der Politeia anzunähern."[51]

Innerhalb der Positionen, die vermuten, dass Platon realpolitische Absichten hatte, lassen sich auch Vertreter ausmachen, die aus einer *extremen realpolitischen Position* argumentieren. Sie gehen davon aus, dass Platon mit der Politeia nicht bloß ein ideales Leitbild konstruieren wollte, um wenigstens geringfügige Reformen durchzusetzen, sondern dass er an eine vollkommene Umsetzung seiner Ideen glaubte. Szlezak begründet diese Vermutung auf zweifache Weise. Erstens habe Platon, als er die Politeia verfasste, noch nicht auf andere Versuche der Verwirklichung von Utopien zurückblicken kön-

---

[48] vgl. Annas 144 f.
[49] vgl. Frede 259
[50] vgl. Müller 145
[51] Vretska, Einleitung zu: Der Staat: Stuttgart 1982, 70

nen.⁵² Deswegen lag für ihn eine Verwirklichung seiner Vorstellung im Rahmen des Möglichen. Zweitens handele es sich bei dem göttlichen Eingreifen in das menschliche Schicksal, aus welchem die Vereinigung von Macht und Wissen in einer Person resultiert, nicht um eine unerfüllbare Voraussetzung, sondern der göttliche Beistand lag im Gedankenkreis platonischer Geschichtsphilosophie und Religiosität.

Da alle genannten Autoren ihre Position fundiert begründen, fällt es nicht leicht, eine unter ihnen herauszustellen, die besonders einleuchtend erscheint. Man sollte in diesem Zusammenhang jedoch darauf hinweisen, dass die Positionen vielleicht nicht so gegensätzlich sind, wie sie auf den ersten Blick erscheinen. Einleuchtend an der individualethischen Position ist, dass die Betrachtung des Menschen eine tragende Rolle in der Politeia einnimmt. Dies bedeutet jedoch nicht zwangsläufig, dass Platon keinen Gedanken an die Realisierung seines Staates verschwendete. Insbesondere der enge Zusammenhang zwischen dem Individuum und dem Staat, auf den die Politeia immer wieder hinweist, ist doch ein Indiz dafür, dass Platon Normen für den Einzelnen und den Staat aufstellt. Ebenso wie die Führung des Staates Einfluss auf seine Bürger nimmt, so nehmen auch die Bürger Einfluss auf den Staat. Wenn Platon also Normen für das Individuum aufstellt, dann beabsichtigt er damit auch eine Veränderung des gesamten Staates gemäß diesen Normen. Dass er jedoch daran glaubte, seine Vorstellungen auch genauso umsetzen zu können, wie es die extreme realpolitische Sichtweise annimmt, lässt sich mit einem Blick allein auf die Politeia nicht sagen. Es gibt in ihr zumindest keinen Hinweis dafür, dass er eine absolute Umsetzung seiner Ideen für grundsätzlich unmöglich hält. Das nächste Kapitel fährt mit der Frage fort, ob eine Realisierung dieses Staatsmodells überhaupt wünschenswert wäre. Zu diesem Zweck wird die Kritik am Politeiastaat untersuchen.

1.4 Die Kritik an der Politeia

1.4.1 Machtmissbrauch

Dieses Kapitel setzt sich mit der Kritik am platonischen Staatsmodell auseinander. Dabei sollen insbesondere die Einwände im Vor-

---

⁵² vgl. Szlezak 225 ff.

dergrund stehen, die Karl Popper in „Die offene Gesellschaft und ihre Feinde" vorbringt.

Obwohl die platonischen Staatsentwürfe aus dem 5. Jahrhundert vor Christi stammen, scheinen sie nichts an Aktualität eingebüßt zu haben. In der nachplatonischen Philosophie gab man den Absolutheitsanspruch und den Totalitätsanspruch auf. Dies bedeutet, dass im Neuplatonismus eine Entpolitisierung der Philosophie erfolgte.[53] Die politische Philosophie der Neuzeit verneinte den Anspruch auf ein absolutes Wissen und stärkte die Position des Individuums durch die Verteilung der Macht. Thomas Hobbes, John Lokke und Jean-Jacques Rousseau gehören zu den einflussreichsten Staatstheoretikern der Neuzeit. Während Ersterer im „Leviathan" beschreibt, wie die Menschen zur Sicherung des Friedens und der Rechtsgüter alle Gewalt dem Staat übertragen, so betonen die Staatsentwürfe Lockes und Rousseaus Grundwerte wie Gleichheit, Freiheit und das Recht auf Selbstbestimmung der Menschen. Das Individuum behält gegenüber dem Staat seine Autonomie. Dieser dient der Organisation des Zusammenlebens der Bürger und der Sicherung des Friedens. Kurz gesagt besteht der wesentliche Unterschied zwischen den neuzeitlichen Entwürfen und der Politeia in der Bewertung der Relation von Bürger und Staat.

In den neuzeitlichen Staatsentwürfen ist der Staat für den Bürger da, während im platonischen Staatsmodell der Bürger für den Staat da zu seien scheint. Ob dies tatsächlich so ist, soll jedoch damit nicht gesagt sein. Um diese Position genauer zu verstehen, soll nun, wie bereits angekündigt, Poppers Kritik an Platons Staatsmodell untersucht werden. In „Die offene Gesellschaft und ihre Feinde" kritisiert er sowohl die Ziele des Idealstaates als auch die Mittel, mit denen diese umgesetzt werden und die Lehre, die dem ganzen Modell zu Grunde liegt. Platons Staat ähnele durch die restlose Politisierung des Lebens den totalitären Staaten der Moderne. Letztlich diene der Staat nur sich selbst und nicht seinen Bürgern, die er sich durch Gewalt und Lügen gefügig macht. Unter dem Vorwand, das Beste zu kennen und zu wollen, diene die Philosophie als Mittel zur Durchsetzung politischer Aspirationen. Die Dialektik kann als Mittel eingesetzt werden, um die Sittenlosigkeit zu rechtfertigen. Auch Kant kritisiert die Politeia in einer ganz ähnlichen Weise.[54] Der Be-

---

[53] vgl. Krämer 264 ff.
[54] vgl. Spaemann 175 ff.

sitz der Gewalt verderbe das freie Urteil unweigerlich. Es gibt nach Kant keinen Regierenden, der es schafft, seine eigenen Motive zurückzustellen. Einmal in der Position des Herrschers, nehme er unweigerlich tyrannische Eigenschaften an, auch wenn er es schafft, seine eigenen Ziele hinter der Berufung auf das Allgemeinwohl zu verbergen. Auch Platon beschreibt in der Politeia die Tyrannenherrschaft. Sie entwickelt sich aus der Demokratie, wenn das Volk in einer Krisensituation auf den Beistand eines Anführers angewiesen ist und sich dieses Anführers nach Beseitigung der Krise nicht mehr entledigen kann, weil dieser seine neue Macht ausnutzt, um das Volk für seine Ziele zu missbrauchen. Der tyrannische Mensch zeichnet sich nach Platon dadurch aus, dass der begehrliche Teil seiner Seele über die Vernunft und den Mut herrscht. Der Philosophenherrscher, der sozusagen am oberen Ende der Staatsmodelle steht, zeichnet sich im Gegenteil dadurch aus, dass in seiner Seele die Vernunft über die anderen Seelenteile herrscht.[55] Da die Vernunft auf Einsicht abzielt, ist auch sein Handeln primär von der Absicht geleitet, Einsicht zu gewinnen. Das eigentliche Ziel des Philosophen ist das Gute selbst. Ihm sind quasi die Motive abhanden gekommen[56] und er strebt zuerst die philosophische Kontemplation und dann die Staatsführung an.

Der platonische Philosophenherrscher hat eigentlich gar nicht die Absicht, im Staat zu herrschen, geschweige denn die Bürger zu unterdrücken. Er hätte nichts davon, wenn er sie unterdrücken würde, da ihm alles, was diese ihm geben könnten, nicht so viel bedeuten würde, wie die Einsicht, die er durch die reine Kontemplation erhält. Platon betont an zahlreichen Stellen der Politeia, dass die Philosophen sogar dazu gezwungen werden müssen, ihre rein betrachtende Tätigkeit aufzugeben und sich um die anderen zu kümmern. Sie würden ihre Fähigkeiten für das Gemeinwohl einsetzen, weil es eine Strafe bedeuten würde, von einem Schlechteren beherrscht zu werden.

„Es muß also für sie ein Zwang da sein und eine Strafe, wenn sie zaudern mit der Übernahme eines Amtes. Daher gilt es offenbar für eine Schande, aus eigenem Antrieb ein Amt zu übernehmen und nicht auf die Nötigung zu warten. Der Strafen schwerste aber ist die

---

[55] vgl. Platon, Politeia 571 a – 592 b
[56] vgl. Spaemann 174

Herrschaft eines Schlechteren dann, wenn man nicht selbst herrschen will."[57]

Kehrt der Philosophenherrscher – bildlich gesprochen – jedoch in die Höhle zurück, um den anderen Menschen die Ideen zu vermitteln, dann hält ihn seine *Motivlosigkeit* davon ab, die anderen zu unterdrücken. Die einzige Möglichkeit, um zu verhindern, dass die Leitung des Staates nach Eigeninteresse handelt, besteht nach Platon darin, dass Philosophen Könige werden bzw. Könige zu Philosophen. Der Herrschaftsmissbrauch soll durch die Philosophenherrschaft a priori unmöglich gemacht werden.

In der Polis hängt das Glück des Einzelnen mit dem Glück des Staates untrennbar zusammen.

„Wird dem einzelnen die Ganzheit übergeordnet (cfr. etwa Plt. 295a), so vornehmlich aus ontologischen Gründen; zugleich aber deswegen, weil dies auch im Interesse des einzelnen ist, der ohne Ganzes nicht bestehen kann (R. 420ef, Lg. 875af)."[58]

Das bedeutet, das Glück des Staates hängt vom Glück der Einzelnen ab und deren Glück hängt vom Glück des Staates ab. Aus diesem Umstand resultiert, dass, egal auf welcher Seite man steht, man selbst nur dann glücklich wird, wenn man das Glück der anderen Seite fördert. Weil das Glück oberstes Ziel des Einzelnen und des Staates ist, wird derjenige, der diese Zusammenhänge erkennt, nicht gegen dieses Prinzip verstoßen. Die Ähnlichkeit mit totalitären Regimen bleibt rein äußerlich, da Platons Staat wesentlich auf Vernunft und Gerechtigkeit beruht. Es gibt keinen Unterschied zwischen dem Ziel des Staates und dem Ziel der Individuen. Popper bemerkt außerdem, die Hauptziele der Politeia bestünden darin, die Bürger von sich abhängig zu machen und eine Herrenrasse zu züchten.[59] Um die Bürger vom Staat abhängig zu machen, würde dieser ihre gesamte Lebensführung überwachen und sie durch Gewalt und Lügen gefügig machen. Auch die Beschreibung des Niedergangs der Staaten sei Angstmache, die dazu dienen soll, den eigenen Staatsentwurf durchzusetzen.[60] Um diesem Kritikpunkt zu begegnen, soll zunächst in Erinnerung gerufen werden, was einen

---

[57] Platon, Politeia 347 c
[58] Hösle 551
[59] vgl. Popper 168 ff.
[60] vgl. Frede 253

Großteil des Textes der Politeia ausmacht. Platon schildert dort den Werdegang eines Menschen zum Philosophenherrscher. Er beschreibt die Schulung in den verschiedenen mathematischen Disziplinen, die zum Ziel haben, das Denken des Schülers auf die Prinzipien zu lenken und ihn allmählich zur Dialektik hinzuführen. Wer in der Lage ist, diesen Weg zu gehen, der hat nach Platon selbst Anspruch darauf, Anführer zu sein, weil er weiß, wie das Zusammenleben der Bürger am besten zu regeln ist. Das umfassende Erziehungsmodell dient also nicht der Überwachung der Bürger, sondern eher ihrer Förderung. Der persönliche Nutzen, der ihnen daraus erwächst, liegt in der Entdeckung und Förderung ihrer Fähigkeiten und der Nutzen des Staates liegt in der Auffindung neuer Anführer. Die Selbstverwirklichung des Einzelnen hat ihren Platz in der Mitarbeit am Staat. Aus heutiger Sicht unterscheiden wir zwischen öffentlichen und privaten Angelegenheiten. Einen starken Einfluss des öffentlichen Lebens auf unser Privatleben würden wir wahrscheinlich als eine Einschränkung, als Überwachung begreifen. Doch in der Polis werden öffentliche und private Angelegenheiten eng zusammengerückt.[61] Von daher ist es sehr gut möglich, dass die Polisbürger den großen Einfluss des Staates nicht als Überwachung empfanden. Mit seiner Kritik an dem Einsatz der Lüge bezieht sich Popper auf die von ihm so bezeichnete Schlüsselstelle der Politeia.[62] Platon lässt Sokrates an dieser Stelle die Erzeugung von Mythen als wirksames Mittel zur Rechtfertigung der Herrschaft und zur Erzeugung der Einheit unter den Bürgern preisen.

„Ihr alle im Staat seid Brüder, so erzählen wir ihnen im Märchen. Gott aber, der Schöpfer, hat euch, die zu Herrschern berufen sind, Gold bei eurer Erschaffung beigemischt, weshalb ihr auch die geehrtesten seid. Den Helfern gab er Silber bei. Eisen und Kupfer den Bauern und Handwerkern."[63]

Die Frage, ob er es für möglich halte, den Bürgern diesen Mythos glaubhaft zu machen, verneint Sokrates, allerdings würde er über Generationen hinweg zu einer Tradition werden, die sich in den Köpfen der Bürger festsetzt und schließlich doch geglaubt wird. Eigentlich bekämpfte Platon die Konventionalisten. Es kam ihm darauf an, Aussagen zu treffen, die sich auf eine von ihnen unabhängi-

---

[61] vgl. Höffe 227
[62] vgl. Popper 182
[63] Platon, Politeia 415 a

ge Wahrheit beziehen. Die wirkliche Einstellung Platons tritt nach Popper erst an der zitierten Stelle zu Tage, als er nämlich ganz im Stile seines Onkels Kritias den Einsatz der Propagandalüge verherrliche.[64] Für beide sei die Religion nichts anderes als eine große Lüge, die Staatsmännern dazu dient, das Leben der Bürger durch die Richtlinien der kreierten göttlichen Autoritäten zu steuern. In diesem Fall würde dies bedeuten, dass jeder Mensch durch seine Anlage zu einer bestimmten Aufgabe im Staat befähigt ist. Es gebe keine Übergänge in der Klassenordnung. Die propagierte Klassengesellschaft ist nach Popper eine Unterdrückung der Massen, weil jeder Mensch durch seine Anlage einer Gesellschaftsschicht zugeordnet wird, die er nicht überwinden kann. Das Zuordnungskriterium für die Gesellschaftsschichten besteht jedoch nicht in der sozialen Herkunft der Menschen. In Platons Staatsmodell stellt die soziale Herkunft kein Hindernis dar, auch ein hohes Amt im Staat zu bekleiden. Allein die Fähigkeiten entscheiden über Klassenzugehörigkeit der Menschen. Der Idealstaat zielt darauf ab, mittels seiner Erziehungseinrichtungen die Möglichkeiten der Bürger herauszufinden und eine ihren Fähigkeiten entsprechende Aufgabe zu finden. Von einer Unterdrückung der Massen kann also nicht die Rede sein, da diese nicht trotz höherer Qualifikation an einem Aufstieg gehindert wird, sondern allenfalls auf Grund eines Mangels an benötigter Qualifikation.

1.4.2 Formalismus der Ideenlehre

Von epistemologischer Seite stellt die Ideenlehre sozusagen den Hauptpfeiler des platonischen Staatsmodells dar. In ihr sind ontologische und epistemologische Grundannahmen miteinander verwoben. Wie bereits deutlich wurde, ist allein der Philosoph in der Lage, die Erkenntnisleiter von den Dingen zu den Ideen zu durchschreiten. Er hat die Einsicht in das wahre Sein und kann den Staat danach ordnen. Platon begründet den Herrschaftsanspruch damit auf einer inhaltlichen Ebene, nicht auf einer formalrechtlichen Ebene. Herrschen soll nicht derjenige, den die meisten für befähigt halten, sondern herrschen soll derjenige, der die Einsicht in die Ideen hat.Wie sollen die Wissenden, zur Herrschaft Geeigneten von den Nicht-Wissenden erkannt werden. Um zu erkennen, wer wissend ist, müssten diese selbst wissend sein, doch dies würde es wiederum

---

[64] vgl. Popper 169 f.

überflüssig machen, sich nach anderen umzusehen.[65] Dieser Einwand bezieht sich auf anthropologische und epistemologische Grundannahmen Platons. Es handelt sich um ein paradoxes Problem, das auch Reeve in einer ähnlichen Weise sieht.[66] Der ideale Staat könne nicht ohne den Vernunftherrscher errichtet werden, dieser kann jedoch nicht ohne die Bedingungen des idealen Staates heranwachsen. Die Voraussetzungen dieser Kritikpunkte ist, dass Wissen anderes Wissen erkennt bzw. dass Wissen anderes Wissen hervorruft. Gegen die erste Grundannahme, dass Wissen anderes Wissen erkennt, könnte man einwenden, dass es nicht nötig ist, die zu beurteilende Sache selbst zu beherrschen, um die Leistung eines anderen zu beurteilen. Beispielsweise können die Zuhörer in einem Konzert beurteilen, ob die Musiker gut gespielt haben, ohne jedoch selbst ein Instrument zu beherrschen. Sind die anderen Menschen auch nicht im Besitz des wahren Wissens, so können sie dennoch beurteilen, ob sie gerecht regiert werden. Grundsätzlich ist es möglich, dass der Wissende von den Unwissenden erkannt wird, da diese nicht das Wissen selbst, wohl aber dessen Resultate beurteilen können. Zu dem zweiten Kritikpunkt, dass nur Wissen anderes Wissen hervorbringt, der Vernunftherrscher folglich nicht heranwachsen könnte, wenn es keinen Idealstaat gäbe und dieser nicht ohne das Wissen des Vernunftherrscher erzeugt werden könne, bringt Reeve einen eigenen Einwand: Der Vernunftherrscher und der ideale Staat gelangen gleichzeitig zur Existenz. Platon nennt die Vereinigung von Wissen und Macht in einer Person eine göttliche Fügung. In Platons Argumentation ist die Existenz des Idealstaates nicht notwendige Voraussetzung des Heranwachsens des Philosophenherrschers. Ein diesbezüglicher Einwand geht daher von falschen Voraussetzungen aus. Wie sich später noch zeigen wird, geht Platon in den Nomoi sogar davon aus, dass sich der ideale Staat aus einer Tyrannis entwickeln lasse. Poppers Kritik betrifft die Epistemologie jedoch auch auf einer noch tiefer liegenden Ebene. Die gesamte Ideenlehre sei reiner Formalismus. Platon spreche von dem Guten, was der Vernünftige erblickt und von der Weisheit, ohne jedoch definieren zu können, was damit gemeint sei. Die ganze Ideenlehre besitze keinerlei Bezug zur Realität, sondern sie diene einzig und allein der Rechtfertigung von Herrschaft. Platon begründe den

---

[65] vgl. Popper 145 ff.
[66] vgl. Reeve 259 ff.

Machtanspruch der Philosophen, indem er ihnen „übernatürliche mystische Kräfte" zuschreibe, die sie befähigen, in Wahrheiten Einsicht zu nehmen, die für andere verschlossen bleiben.[67] Damit wende er sich auch gegen seinen Lehrer Sokrates, der die Ansicht vertrat, dass jeder Mensch kraft seiner Vernunft aus sich heraus Erkenntnis gewinnen kann.[68] Das sokratische Erkenntnismodell zeichnet sich durch seine antiautoritäre Struktur aus. Zudem ist es von der Selbstbekenntnis des eigentlichen Mangels an Wissen geprägt. Die Grundhaltung „Ich weiß, dass ich nichts weiß" bringt diese Distanzierung gegenüber jeglichen Absolutheitsansprüchen auf den Punkt. Die genuin sokratische Philosophie ähnelt einer schrittweisen Entdeckung der Wahrheit. Was Platon Sokrates in der Politeia sagen lässt, beinhalte jedoch nicht dessen Lehre, so Popper, sondern eine totale Umkehr der sokratische Lehre und richte sich damit gegen menschliche Grundwerte wie Gleichberechtigung und Individualität. Platons Politik wurzele in den unhinterfragbaren Werten der vorsokratischen Tradition.[69]

„Und die große befreiende Idee des Sokrates, die Idee, daß es möglich sei, mit einem Sklaven eine vernünftige Unterhaltung zu führen, die Idee, dass es eine intellektuelle Verbindung zwischen Mensch und Mensch, ein Medium allgemeinen Verstehens gäbe, nämlich, die Vernunft, diese Idee wird durch die Forderung nach einem Erziehungsmonopol der herrschenden Klasse und die strengste Zensur selbst mündlicher Debatten ersetzt."[70] Der Machtanspruch der Philosophen sei ungerechtfertigt, weil die Ideenlehre gegenstandslos sei. Es gebe nicht das Gute, in das man Einsicht nehmen kann oder die Weisheit, die man erlangen kann. Platon verbreite bewusst diese falsche Lehre, um autoritäre Strukturen in der Gesellschaft zu erzeugen. An dieser Stelle kann nicht entschieden werden, ob Platons Ideenlehre zutreffend ist oder nicht. Es ist jedoch auffallend, dass Platon im Zusammenhang mit der Schilderung seiner Ideenlehre an keiner Stelle den Anschein erweckt, als wolle er dies bloß das Volk glauben machen, damit es seinen Anführern gehorcht. An anderen Stellen, beispielsweise im Zusammenhang mit dem oben erwähnten Mythos von den verschiedenen Menschennaturen, ver-

---

[67] vgl. Popper 174 ff.
[68] vgl. Popper 153 ff.
[69] vgl. Gauss (2,2) 122
[70] Popper 158

schweigt Platon nicht, dass er diese Lüge ganz bewusst verbreiten möchte. Unabhängig davon, ob die Ideenlehre tatsächlich wahr ist oder nicht, kann man daher davon ausgehen, dass Platon seine Ideenlehre für wahr hielt und sie nicht bloß vertrat, um im Volk Autoritätsglauben zu erzeugen.

1.4.3 Kritik an der Anthropologie

Eine weitere Kritik an Platons Legitimationsversuch der Herrschaft stammt von Höffe. Dieser Ansatz kritisiert die Anthropologie der Politeia.

Nach Platon ist der Mensch ein Polis-Wesen. Er ist zur Befriedigung seiner Grundbedürfnisse nach Nahrung, Wohnung und Kleidern angewiesen, die er kaum ohne die Hilfe seiner Mitmenschen herstellen kann.[71] Höffe räumt eint, dass der Mensch auch auf zwischenmenschliche Hilfe angewiesen ist, bei der nicht die Produktion im Vordergrund steht. Als Säugling bedarf er der Aufzucht, als Kranker und Gebrechlicher der Hilfe seiner Mitmenschen und zudem ist die Verbindung von Mann und Frau wichtig, ferner Anerkennung, Achtung, Liebe und Freundschaft. Auch derartige zwischenmenschliche Bedürfnisse gehören zu den Grundbedürfnissen des Menschen. Platons Betrachtung greife insofern zu kurz, als dass sie allein die materiellen Bedürfnisse des Menschen ins Auge fasst und die emotionalen und zwischenmenschlichen Bedürfnisse außer Acht lässt.[72] Als möglichen Grund für diese Auslassung führt er an, dass Platon diese Probleme als vorpolitisch einordnet. Das würde bedeuten, dass sie mit den Aufgaben der Politik absolut gar nichts zu tun hätten. Es wäre auch möglich, dass Platon diese Probleme als ‚nachpolitisch' betrachtet, es ihm also darum gehe, die ersten Ursprünge der Staaten zu untersuchen. Die Versorgung der materiellen Bedürfnisse ist die notwendige Voraussetzung zur Versorgung der emotionalen und zwischenmenschlichen Bedürfnisse. Geht es Platon also darum, die Grundlagen des Staates zu untersuchen, dann ist es gerechtfertigt, allein die materiellen Bedürfnisse des Menschen anzusprechen, obwohl er darüber hinaus zweifellos noch weitere Grundbedürfnisse besitzt. Die Begehrlichkeit des Menschen dient Platon als Hauptargument zur Legitimation der Herrschaft. Höffe kritisiert daran, dass auf die Begehrlichkeit nicht notwendig

---

[71] vgl. Platon, Politeia 369 b
[72] vgl. Höffe 236 ff.

die Herrschaft folgen muss. Die Begehrlichkeit ließe sich auch durch gesteigerte Arbeitsproduktivität zufrieden stellen. In der modernen Gesellschaft beseitige die Arbeit die Unzufriedenheit. Anstatt den wachsenden Bedürfnissen durch Gewalt und Betrug beizukommen, steigere man hier das Arbeitspensum gemäß der Begehrlichkeit.

Ein Fehlbedarf könne auch durch die Natur hervorgerufen werden, so dass nicht notwendig am Menschen kuriert werden müsse. Und die Versorgungslage würde auch durch die Begabung, die Arbeitsfähigkeit und Arbeitsbereitschaft sowie die Geburtenplanung geregelt. Infolgedessen hängen Güterkonflikte nicht allein davon ab, ob die Gesellschaft einfache oder luxuriöse Bedürfnisse hat, sondern auch vorökonomische Umstände wie die Beschaffenheit der Natur und innerökonomische Umstände wie die Zusammenarbeit der Bürger spielen eine gewichtige Rolle. Diese Kritik ist insofern gerechtfertigt, als es in der Tat nicht allein die Begehrlichkeit des Menschen ist, welche die Einrichtung einer Regierungsgewalt nötig macht. Die Zügelung der Begehrlichkeit ist allerdings auch nicht das einzige Ziel der Regierung, das Platon in der Politeia vorstellt. Es geht darum, die Bestform für den gesamten Staat wie auch für den einzelnen Mensch zu erreichen. Damit zügelt die Regierung nicht nur die schlechten Seiten der Menschen, sondern sie ist durch die Tugenderziehung auch darum bemüht, die Entwicklung ihrer positiven Seiten voranzutreiben. Gibt es Herrschaftsfreiheit unter besonnenen Menschen? Sie wären frei von äußerer Herrschaft, weil sie selbstbeherrscht sind. Die Seltenheit der vernunftbeherrschten Menschen, von der Platon ausgeht, spricht allerdings dagegen, dass es jemals einen gerechten Staat ohne Herrschaft geben wird. Platons Legitimation der Herrschaft erfolgt jedoch nicht allein auf der anthropologischen Ebene, sondern er verbindet Epistemologie, Anthropologie und Ethik. Im Staat führen die Einsichtigen die Uneinsichtigen durch ihre Ideenerkenntnis zum Guten. So wie im Vernünftigen die Vernunft über die anderen Seelenteile herrscht, so sollten auch im Staat die Vernünftigen über die anderen herrschen. In diesem Zusammenhang bemerkt Spaemann, dass die Herrschaft der Vernunft im einzelnen Menschen jedoch nicht mit der Herrschaft der Vernunft im Staat zu vergleichen ist.[73] Der einzelne Mensch muss seine Begierden beherrschen, die eindeutig negativ sind, doch im Staat gilt es, verschiedene berechtigte Interessen mit-

---

[73] vgl. Spaemann 170

einander zu vereinen. Im Staat existiert demnach nicht der Gegensatz zwischen dem einen vernünftigen Weg und mehreren unvernünftigen Wegen, wie er im einzelnen Menschen existiert, sondern im Staat gilt es mehrere vernünftige Wege, sprich berechtigte Ansichten, zu vereinen. In dieser Argumentation gegen Platons Gleichsetzung der Vernunft im einzelnen Menschen mit der Vernunft im Staat spielt eine moderne Auffassung der Demokratie eine Rolle, die Platon sicherlich fern lag. Im heutigen Verständnis einer Demokratie gibt es tatsächlich verschiedene vernünftige Interessen, die es zu verbinden gilt. Das Eigentümliche an Platons Staatsmodells ist, dass es nicht verschiedene berechtigte Wege gibt, die es zu vereinen gilt, sondern nur einen einzigen richtigen Weg. Die Interessen der anderen Gruppen sind gemäß Platons Anthropologie immer von dem Seelenteil geleitet, der in ihnen am stärksten ausgeprägt ist. Sie besitzen zwar verschiedene Interessen, aber berechtigt ist keines von diesen. Entsprechend beschreibt Platon die Demokratie auch als eine Verfassung, in der sämtliche Autoritätsverhältnisse aufgehoben werden. So spottet er, dass sich in einer Demokratie sogar die Tiere gegen den Mensch durchsetzen "... und die Pferde und Esel gewöhnen sich gar frei und stolz einherzuschreiten und stoßen auf der Straße jeden Begegnenden, der ihnen nicht ausweicht. Kurz, alles ist voll der Freiheit"[74].

Seiner Auffassung nach verhindert eine Demokratie geradezu den Weg in die Freiheit, weil sich sämtliche Interessen gegenseitig blockieren, was aus dem Umstand resultiert, dass es keinen absoluten Maßstab zur Überprüfung ihrer Berechtigung gibt. Der Idealstaat liefert jedoch durch seine Erkenntnistheorie diesen Maßstab, an dem sich die Ansprüche messen lassen. Der Vernunftherrscher findet durch die Kenntnis dieses Maßstabs den einen richtigen Weg.

1.4.4 Zusammenfassung der Kritikpunkte

Das Hauptaugenmerk richten die Kritiker auf die vermeintlich totalitären Tendenzen der Politeia. Der Staat diene nicht seinen Bürgern, sondern allein sich selbst. Er setze Gewalt und Lügen ein, um eine aristokratische Klassengesellschaft zur Unterdrückung der Massen zu propagieren. Zudem betreibe er ***eugenische?*** eugenetische Züchtung mit dem Ziel, eine Herrenrasse heranzubilden. Letztend-

---

[74] Platon, Politeia 563 c

lich befürworte die Politeia eine restlose Politisierung des Lebens, die einem totalitären Staat gleicht. In dieser Hinsicht suchte man auch Parallelen zu den totalitären Systemen der Moderne, dem marxistisch-leninistischen Staatsideal und der faschistischen Bewegung. Die Güter- und Frauengemeinschaft war der Hauptgrund, aus dem man in der Politeia kommunistische Züge herauszulesen glaubte. Das Führerprinzip des Nationalsozialismus glaubte man in dem Modell des Philosophenherrschers wieder zu erkennen, welches die unteren Stände vom politischen Denken ausschloss. Die medizinische Lüge ähnele dem Goebbels'schen Propagandaapparat und auch die Politeia habe das Ziel, eine Herrenrasse zu züchten.[75]

Obwohl die Staatskonzeption der Politeia dem marxistisch-leninistischen Ideal viel näher ist, wurde sie von diesen als Repräsentant der antiken Sklavenherrschaft verworfen, während Theoretiker der faschistischen Bewegung sich auf einzelne Punkte des platonischen Staatsprogramms berufen, obwohl dieses ideologisch schwächer ist. Tatsächlich entspricht die Politeia weder dem Kommunismus der Moderne noch dem Faschismus. Die kommunistischen Anforderungen der Politeia sind nicht auf alle Klassen ausgedehnt, wie dies in den kommunistischen Systemen der Moderne der Fall ist.

Zudem verfolgt sie grundlegend andere Ziele als die modernen Staatstheorien des Kommunismus, denn es geht ihr nicht um die Aufhebung aller Klassen der Gesellschaft.

Platon gebraucht eine derartige Unterteilung der Klassen auf der Grundlage ihres Besitzes auch überhaupt nicht. Die Gesellschaft der Politeia verteilt sich durch ihre Fähigkeiten auf verschiedene Klassen und diese befinden sich nicht im Klassenkampf, sondern sie arbeiten zusammen an der Realisierung des Staatsideals. Beide Modelle versuchen auf ihre Weise, dem Grundsatz der Gleichberechtigung gerecht zu werden. Während der Kommunismus die Gleichberechtigung der Menschen durch die klassenlose Gesellschaft anstrebt, in der jeder das Gleiche erhält, so strebt das Staatsmodell der Politeia ebenfalls die Gleichberechtigung an, allerdings durch eine Klassenordnung, in der jeder das Seine erhält.

Vom Nationalsozialismus unterscheidet sich das platonische Staatsmodell viel deutlicher. Platons Staat ist kein Machtstaat, der

---

[75] vgl. Krämer 254 f.

sich über die Welt ausdehnen will, sondern er ist ein Bildungsstaat, der allein durch sein gutes Beispiel Eroberungen macht.[76] Faschismus und Machtpositivismus entwickeln sich eher aus schrankenlosem Liberalismus, in dem alle Meinungen gleichwertig aufeinander prallen und es keinen Maßstab zu deren Überprüfung gibt. Der Politeiastaat ist jedoch nicht liberal, da in ihm Vernünftigkeit und substanzielle Subjektivität statt einer Beliebigkeit der Launen herrschen. Freiheit bedeutet also nicht Willkürfreiheit. Deren Überwindung ist das Wesen des Staates.

„Platons Staat will hingegen den Bürger wahrhaft befreien – von sophistischer Kontingenz des Willens hin zu einem ‚guten Leben', in dem die Seele – in deren Idealität der Staat gründet – wahrhaft sich selbst findet."[77]

Im Rahmen dieser Arbeit ist es nicht möglich, die Kritik an der Politeia erschöpfend zu behandeln. Durch die Bearbeitung einiger dieser Kritikpunkte sollte jedoch gezeigt werden, dass Platons Staatsentwurf keineswegs so unproblematisch aufgenommen wurde, wie er auf den ersten Blick zu sein scheint. In der Diskussion um die strittigen Elemente der Politeia erkannten ihre Gegner schließlich die höhere Zielsetzung an, während ihre Verteidiger die Einschränkung des Einzelnen zugeben mussten. Daraus folgte, dass die Bedenken gegen die platonische Staatslehre nicht beseitigt, aber eingeschränkt wurden.[78]

1.5 Zusammenfassung des ersten Kapitels

Platon untersucht in der Politeia die Gerechtigkeit im Staat und im einzelnen Menschen. Ziel der Elementarpolis ist der Zusammenschluss der Arbeitskräfte zur Versorgung der Grundbedürfnisse. Die aufkommende Begehrlichkeit lässt die Menschen nach Luxusgütern streben. Zur Regelung der so aufkommenden Unstimmigkeiten in der Bevölkerung wird die Einführung der Herrschaft notwendig. Ihre Aufgabe besteht in der Verwirklichung der Idee der Gerechtigkeit im Staat. Die Philosophie wird zu einem politisch relevanten Wissen, da den Philosophen die Fähigkeit zugesprochen wird, Einsicht in die Idee der Gerechtigkeit zu nehmen und diese im Staat zu verwirklichen, wenn sie mit der notwendigen Macht dazu

---

[76] vgl. Gauss 124 ff.
[77] Hösle 552
[78] vgl. Krämer 256

ausgestattet sind. Durch das Zusammenwirken der drei Stände, Lehrstand, Wehrstand und Nährstand, gleicht der Staat einem Organismus, dessen Überleben auch von jedem seiner Teile abhängt. Der einzige Zugang auf die Idee der Gerechtigkeit besteht durch die Vernunft, weswegen ein Verlassen des Vernunftprinzips den Untergang des Idealstaates bedeutet.

Der Machtanspruch der Philosophen gründet in der epistemologischen Grundannahme, dass es ein absolutes Wissen gibt, in das man Einsicht gewinnen kann. Platon vertritt einen ethischen Realismus, der besagt, dass die Idee der Gerechtigkeit außerhalb des menschlichen Bewusstseins existiert. Der Gebrauch seiner Vernunft ermögliche es dem Mensch, die verschiedenen Erkenntnisstufen der Sinnenwelt zu überwinden und letztlich Einsicht in den Ideenkosmos zu gewinnen, in dem seine Seele sich vor der Geburt befand. Der Philosophenherrscher sei in der Lage, seine innere Ordnung auf den ganzen Staat zu übertragen.

Zwischen den anthropologischen Grundannahmen und der Struktur des Staates besteht daher eine deutliche Abhängigkeit. Die Gerechtigkeit im einzelnen Menschen besteht in der Herrschaft der Vernunft über die begehrenden Seelenteile. Die Gerechtigkeit im Staat besteht in der Herrschaft der Vernünftigen über die Menschen, die sich durch ihr Handeln nach ihren Begierden ausrichten. Der einzige Weg zur Gerechtigkeit besteht im Staat und im einzelnen Menschen in der Befolgung des Vernunftprinzips. Durch eine Synthese der herkömmlichen Vorstellungen von Gerechtigkeit entwickelt Platon einen neuen Gerechtigkeitsbegriff, durch den er zeigt, dass die Gerechtigkeit ein Gut an sich ist, das zudem wegen seiner Folgen erstrebenswert ist. Da es jedoch kaum einem Menschen möglich sei, in seiner Seele der Vernunft die Vorherrschaft über die Begierden zu geben, sind die Menschen auf die Herrschaft der wenigen Vernünftigen angewiesen. Der Idealstaat soll für die Menschen eine Art Stütze sein, eine äußere Hilfe zum Ausgleich ihrer seelischen Fehlerhaftigkeit, die sie daran hindert, aus eigener Kraft gerecht und damit glücklich zu werden.

Die Kritiker der Politeia sprechen den Philosophenherrschern diese guten Absichten allerdings ab. Man unterstellt ihnen, sie missbrauchten ihre Macht zur Unterdrückung des Volkes. Letztlich diene der Staat nur sich selbst und nicht seinen Bürgern, die er durch die Verbreitung von Propagandalügen an sich binde. Die Politeia handelte sich den Vorwurf ein, ein totalitärer Staat zu sein, der die

Freiheit seiner Bürger einschränke und, ähnlich wie die faschistischen Systeme, die Heranzüchtung einer Herrenrasse im Auge habe. Die Verteidiger der Politeia argumentierten dagegen, dass die Willkürfreiheit eines liberalen Umfeldes der Nährboden für totalitäre Tendenzen jeder Art sei, weil dort kein Maßstab zu ihrer Beurteilung existiere. Im Idealstaat bildet jedoch die Vernunft diesen Maßstab, der eine Beurteilung aller Unternehmungen möglich macht.

2. Untersuchung der Nomoi: Der Gesetzesstaat

2.1 Kennzeichen des Nomoistaates

2.1.1 Ursprung und Ziel des Staatswesens

Um einen späteren Vergleich der Texte zu erleichtern, wird die Untersuchung der „Nomoi" - im Anschluss an einige einleitende Bemerkungen zu Inhalt und Zweck der Abfassung und zur Datierung der Nomoi - nach demselben Schema wie die Untersuchung der „Politeia" durch. Wie der Titel „Nomoi", also ‚Gesetze', schon andeutet, setzt sich Platon im Hauptteil dieses Werkes mit der Gesetzgebung auseinander. Die ersten drei Bücher der Nomoi enthalten einen theoretischen Teil, der sich mit prinzipiellen Fragen der Gesetzgebung auseinander setzt. Indem er sich an den Grundlagen der spartanischen und der kretischen Gesetzgebung orientiert, legt Platon in diesem ersten Teil die Ziele der Gesetzgebung fest.[79] Die übrigen neun Bücher bilden den praxisbezogenen Hauptteil, in dem Platon eine Mustergesetzgebung entwirft. Darin setzt er sich sowohl mit den Bedingungen einer neuen Gründung als auch mit der Einteilung der Bevölkerung in Vermögensklassen und mit der Aufstellung und Bewahrung von Gesetzen auseinander. Die im Hauptteil enthaltenen Gesetze beziehen sich auf sämtliche Bereiche des Zusammenlebens in der Polis: Gottesfeste, Heirat, Haushalt, Erziehung, Jagd, Sport, Militär, sexuelles Verhalten, Wirtschaft, Strafrecht, Eigentumsrecht, Handelsrecht, Familienrecht, Gesetze vermischten Inhalts und Bestattungsvorschriften. Platon verleiht der Schilderung dieser Gesetzgebung ein hohes Maß an Realitätsbezug, indem er sie in den Rahmen einer fiktiven Koloniegründung bettet. Die Teilnehmer des Dialoges vertreten die Gesetzgebungen anderer Staaten, an deren historischem Gehalt sich die Nomoi orientieren.[80] Der Athener befindet sich im Gespräch mit dem Spartaner Megillos und dem Kreter Kleinias. Welchen Zweck verfolgte Platon mit der Abfassung der Nomoi?

Durch die Fiktion einer Koloniegründung wollte Platon wahrscheinlich zeigen, wie eine an den Prinzipien seiner Philosophie orientierte Gesetzgebung auszusehen hätte. Von Platons Akademie ist

---

[79] vgl. Schöpsdau 124 f.
[80] vgl. Müller 171

bekannt, dass sie Beratertätigkeiten übernahm, wenn es um Koloniegründungen und Reformen ging. Für die Schüler der Akademie waren die Nomoi möglicherweise ein technologischer Leitfaden, der ihnen an einem konkreten Modell das Sachwissen vermitteln sollte, das erforderlich war, wenn aus Philosophen Politiker werden sollten.[81] Außerdem verfolgte Platon mit den Nomoi wahrscheinlich das Ziel, seine eigenen politischen Anschauungen zur Beseitigung politischer und sozialer Missstände zu verbreiten, an denen seiner Auffassung nach die Staaten litten.[82] Die Nomoi dienten sicherlich nicht allein der Erfüllung eines technologischen Aspekts, sondern Platon sah in ihnen auch ein Stück Literatur, das als Lesestoff im Unterricht eine erzieherische Aufgabe erfüllen sollte. Die Schriften über Gesetze machen nach Platon den Leser nämlich mehr als andere Literaturgattungen zu einem besseren Menschen.[83] Sie möchten über das Schöne, Gute und Gerechte Rat erteilen und beanspruchen Vorrang vor Homer und Tyrtaios .[84] „Der Dialog baut, unabhängig von der Existenz dieses Staates, kraft dichterischer Paidea in den Seelen der Leser diejenige Ordnung auf, die zu erzielen das Telos auch aller staatsmännischen Tätigkeit ist."[85] Die schriftliche Fixierung der Nomoi fällt sicherlich nicht mit ihrer Entstehungszeit zusammen, da für dieses Werk eine sehr umfangreiche Recherche der Gesetze notwendig war; wesentlich mehr als bei der Politeia. Wie auch bei Aristoteles belegt ist, erschienen die Nomoi später als die Politeia.[86] Der genaue Zeitraum der Abfassung ist nicht bekannt, wahrscheinlich handelt es sich jedoch um Platons letztes Werk. Terminus post für die Abfassung ist die Unterwerfung Lokrois durch Syrakus im Jahr 352 v.Chr.[87] Statistische Untersuchungen der Sprache und des Stils ergaben, dass die Nomoi zur späteren Werkgruppe zählen, zu der auch die Dialoge Timaios, Kritias, Sophistes, Philebos, Politikos sowie der dritte, siebte und achte Brief gehören.[88] Welche Annahmen machen die Nomoi über den Ursprung des Staatswesens? Die erste Menschengemeinschaft war, so Platon,

---

[81] Schöpsdau 132 - 135
[82] vgl. Platon, Nomoi (679 b - e, 700 d, 712 a, 715 a - b, 918 d, 937 d - e, 962 d - e).
[83] vgl. Platon, Nomoi 957 c
[84] vgl. Platon, Nomoi 858 d
[85] Kuhn, H. zitiert nach Schöpsdau 135
[86] vgl. Schöpsdau 132 ff.
[87] vgl. Platon, Nomoi 638 b
[88] Schöpsdau 136 ff.

durch ihre geringe Größe wohlwollend gegeneinander. Es bestand kein Mangel und somit auch kein Neid, was zu friedlichem Einmut führte. Die in diesem gesetzeslosen Urzustand lebenden Menschen strebten jedoch danach, sich der Führung eines Ältesten anzuvertrauen. Auf diese Weise entstand eine patriarchale Monarchie, deren Zusammenleben durch Bräuche und Gewohnheitsrecht bestimmt wurde. Schließlich begannen sich mehrere dieser kleinen Familien zusammenzutun. Da jede ihre eigenen Grundsätze hatte, bestimmte die Gemeinschaft der einzelnen Oberhäupter die besten Regeln und wurde auf diese Weise zu Gesetzgebern, deren Aufgabe auch in der Bestimmung der künftigen Herrschaftsform bestand.[89] Die Monarchie und die Demokratie bilden nach Platon die beiden ursprünglichen Verfassungen. Die Monarchie setzt eine weise Leitung voraus, da ein einzelner Mensch an der Spitze des Staates dazu tendieren könnte, die ihm verliehene Macht zu missbrauchen. Zudem zerstöre der Despotismus den Gemeinsinn im Volk und der Verlust von Einheit bedeutet Schwäche. Um seinen Kritikpunkten an einer reinen Monarchie Gewicht zu verleihen, führt Platon als Beispiel eine Schlacht der Perser gegen die Athener an, aus der die demokratisch regierten Athener durch ihren Zusammenhalt siegreich hervorgingen.[90] Der Nachteil der Demokratie bestehe darin, dass sie in Zügellosigkeit umzuschlagen drohe, wenn jeder meine, ein Urteil abgeben zu können. Für den Staat sei daher weder ein Übermaß an Freiheit noch an Gewalt gut. Platon beschreibt in den Nomoi daher eine gemischte Verfassung, die derjenigen Spartas ähnelt.[91] Ziel ist es, eine demokratisch legitimierte Aristokratie einzurichten, eine Herrschaft der Besten mit Einwilligung der Volksmenge. Die Gesetzgebung dient dabei zur Kontrolle der Regierungsarbeit und als Erziehungsmittel für das Volk. Der Gesetzesstaates soll die Eudämonie des Individuums und des Staates sowie den Erhalt der inneren Einheit fördern.[92] Dort heißt es auch, dass die Gesetze diejenigen, die sie befolgen, glücklich machen und ihnen göttliche und menschliche Güter verschaffen. Zu den menschlichen Gütern werden Gesundheit, Schönheit, Stärke und Reichtum gezählt und zu den göttlichen Gütern die Tugenden Weisheit, Besonnenheit, Ge-

---

[89] vgl. Platon, Nomoi 676 a – 681 d
[90] Platon, Nomoi 693 d ff.
[91] vgl. Platon, Nomoi 691 d – 693 d
[92] vgl. Platon, Nomoi 628 d f. / 702 a f.

rechtigkeit und Tapferkeit.[93] Die Tapferkeit allein reiche jedoch nicht aus, um die Einheit im Staat zu fördern. Die übrigen Tugenden seien zur Herstellung der inneren Einheit noch wichtiger. Den göttlichen und menschlichen Gütern vorangestellt ist wiederum die vernünftige Einsicht. Mit der Aufstellung dieser Gütertafel propagiert Platon eine Wertehierarchie, deren Einhaltung zur Verwirklichung der Staatsziele unerlässlich sei. Um das Glück und die Einheit zu fördern, müsse der Staat an erster Stelle nach den Prinzipien der Vernunft ausgerichtet werden, zweitens müsse die vierfache Gesamttugend angestrebt werden und an dritter Stelle steht das Streben nach den menschlichen Zielen.

2.1.2 Mittel

Im Gesetzesstaat existieren drei Mittel zur Umsetzung dieser Ziele. Die Tugenderziehung erfolgt erstens durch die Gesetze, zweitens durch die Kultur, insbesondere durch die Religion und die Kunst, und drittens durch Institutionen wie die Schule oder den Dienst beim Militär. Die Gesetze sollen durch ihre Gebote und Verbote zur Tugenderziehung beitragen. Sie bestehen hauptsächlich aus Erziehungsregeln (Buch 7) und dem Strafrecht (Buch 9 und 10). Weitere Gesetze regeln das Eigentumsrecht, das Familienrecht, das Handelsrecht etc. Das Verhalten der Bürger soll durch diese Regelungen in die gewünschten Bahnen geleitet werden.

Zu jedem Gesetz soll ein Proömium, eine Vorrede, gehören, welche die Notwendigkeit der Gesetze vor den Bürgern rechtfertigt. Die Gesetze prägen die von Gott garantierte ontologische und moralische Ordnung in die Wirklichkeit ein. Das Gesetz ist ein Erzeugnis der Vernunft und es hat Anteil an der im Kosmos wirkenden Vernunft.[94] Durch eine atheistisch-materialistische Lehre würde das Gesetz daher zur bloßen Konvention abgewertet.[95] Die Gesetzestreue steht und fällt demzufolge mit dem Götterglauben. Eine zentrale Aufgabe der Gesetzgebung ist die Beseitigung der drei Irrtümer über die Götter.[96] Die Religion dient wie die musische Erziehung der Geltungsverschaffung der Gesetze. Die Kultur transportiert die

---

[93] vgl. Platon, Nomoi 625 c ff.
[94] vgl. Platon, Nomoi 890 d / 892 b - e
[95] vgl. Platon, Nomoi 889 e ff.
[96] vgl. Platon, Nomoi 885 d / 907 c

Gesetzesinhalte auf einem subtileren Weg zu den Menschen.[97] In den langen Passagen über die Erziehung werden Anweisungen gegeben, die von vorgeburtlichen Richtlinien bis zur Regelung des Militärdienstes reichen. Der erzieherische Einfluss dieses Staats durchdringt folglich die gesamte Lebenswirklichkeit seiner Bürger. Er kontrolliert sämtliche Bereiche, weswegen er zu Recht als „Bildungsstaat" bezeichnet wird.[98]

2.1.3 Struktur

Die Bevölkerung des Gesetzesstaates lässt sich grundlegend in Beamte, Bürger und die ‚Metöken' genannten zugereisten Mitbewohner einteilen. Die Gruppe der Beamten unterteilt sich in Legislative, Judikative und Exekutive; es sei darauf hingewiesen, dass Platon diese strenge Unterscheidung nicht gebraucht, sie trägt jedoch dazu bei, den Verwaltungsapparat ein wenig übersichtlicher zu machen. Die nächtliche Versammlung ist die gesetzgebende Gewalt, da ihre Aufgabe darin besteht, die bereits existierenden Gesetze zu untersuchen und sie zu verbessern. „In dieser Versammlung soll sich ein Jeder welcher zu Beobachtungen fremder Einrichtungen auf Reisen gegangen ist sofort nach seiner Rückkehr begeben, und wenn er etwas über Gesetzgebung, Erziehung und Jugendbildung durch Überlieferung erfuhr, oder mit Leuten zusammentraf, welche ihm eigene Gedanken darüber mitzuteilen vermochten oder er sich selbst neue Ansichten hierüber gebildet hätte, so soll er hievon der ganzen Versammlung Mitteilung machen."[99]

Die Euthynen sind ein Teil der nächtlichen Versammlung. Sie sollen die Herrschaft des Gesetzes über die menschlichen Herrscher gewährleisten.[100] Damit stehen sie in der Hierarchie des Verwaltungsapparates noch über der Judikative, da sie deren Arbeit kontrollieren. Die Judikative unterteilt sich in Land-, Stadt- und Marktaufseher, deren Zuständigkeit auf einen Teil des Staates begrenzt ist. Die Exekutive besteht im Wesentlichen aus dem Militär, dessen Mitglieder durch das wehrfähige Volk gewählt werden. Über das Zusammenspiel der Verwaltungsinstitutionen lässt sich kein klares Bild gewinnen. Es zeigt sich allerdings, dass Platon versucht, das atheni-

---

[97] vgl. Schöpsdau 128
[98] Gauss (3, 2) 250
[99] Platon, Nomoi 952b
[100] vgl. Platon, Nomoi 715 d / 945 c

sche Bildungsbestreben mit der spartanischen Zucht zu verbinden.[101] Die Regierung beschreitet den erwähnten Mittelweg zwischen Monarchie und Demokratie. Die Bevölkerung erhält ihren Verdienst durch ihre Beamtenschaft und die Landwirtschaft. Handwerk und Handel sind zu kommerziell und sollen daher durch Metöken und Fremde versehen werden, die eine beschränkte Aufenthaltsgenehmigung haben.[102] Die eigentliche Bevölkerung soll sich hauptsächlich um ihre Selbstbildung bemühen. Frauen und Sklaven zählen zu dem Teil der Bevölkerung, der deutlich hinter den Ansprüchen der sonstigen Bürger zurückbleibt. Die Sklaverei widerspräche zwar der menschlichen Natur, sie sei aber notwendig.[103] Mann und Frau werden zwar eine Gleichheit der Naturanlagen zugestanden, eine gemeinsame Erziehung findet allerdings nur bis zum sechsten Lebensjahr statt, da die Frau für das Hauswesen zuständig sei und daher in allem Übrigen keine Ausbildung brauche.[104] Die Frauen sind im Gesetzesstaat rechtlich und politisch ein Subjekt zweiter Klasse.

2.1.4 Voraussetzungen

Die Nomoi nennen vier Bedingungen zur Realisierung des Gesetzesstaates. Erstens sollte die geografische Lage durch eine gewisse Distanz zum Meer ausgezeichnet sein. Der Gesetzesstaat soll keine Hafenstadt sein. Damit soll wahrscheinlich das unkontrollierte Eindringen anderer Sitten verhindert werden. Denn zweitens sollen die Kolonisten, die zuvor unter anderen Gesetzen lebten, eine gemeinsame Tradition herausbilden.[105] Da der Herrscher des Gesetzesstaates nicht in jedem Einzelfall urteilen kann und man sich zudem nicht auf einen Philosophenherrscher einigen könnte, der ohne Gesetze gerechte Entscheidungen trifft, sei es drittens notwendig, eine geschriebene Konstitution zu haben, deren Gültigkeit nicht von einer Person abhängig ist.[106] Die Gesetze sind ein nicht-personaler Zugang zur Gerechtigkeit.Sie nehmen in den Nomoi die Rolle des Philosophenherrschers ein, wie wir ihn aus der Politeia kennen. Beim Vergleich zwischen der Politeia und den Nomoi werden die

---

[101] vgl. Gauss (3, 2) 250 ff.
[102] vgl. Platon, Nomoi 746 e – 747 e
[103] vgl. Platon, Nomoi 804 d ff.
[104] vgl. Platon, Nomoi 806 a / 937 a
[105] vgl. Platon, Nomoi 704 a – 707 e
[106] vgl. Platon, Nomoi 708 a – 709 d

philosophische Einsicht und die Gesetze als Zugänge zur Gerechtigkeit noch näher untersucht werden. Die Umsetzung des Gesetzesstaates ließe sich am schnellsten und am besten durch die Zusammenarbeit mit einem gut gearteten Tyrannen realisieren. „Wo nun diese Gewalt in den wenigsten Händen, aber (eben deshalb) am stärksten ist – und dies ist eben in der Tyrannis der Fall – da und unter solchen Umständen wird die Staatsumwandlung leicht und schnell vonstatten gehen."[107] Die Eigenschaften des Tyrannen, dem Gegenpol zum Philosophenherrscher, sind eine Auswahl aus den Eigenschaften, die auch der Philosoph hat. Er besitzt Tapferkeit und die Tugend der Beherrschung.[108] Diese Tugenden sind jedoch nicht auf Einsicht gegründet, denn bei ihm fand keine innere Umkehr im Sinne der Ideenlehre statt, sondern eine Mäßigung in einem rein empirischen Sinn. Die Philosophie ist hier ganz verschwunden, so dass der Tyrann sich hauptsächlich durch seine Macht auszeichnet. Die Kopplung dieser Macht mit dem Wissen des ausgezeichneten Gesetzgebers ist eine weitere Voraussetzung der Realisierung des Gesetzesstaates.

2.1.5 Niedergang

Der Verfall der Staaten hat seinen Ursprung in einer falsch angelegten Staatsordnung. In einer <u>extremen</u> Monarchie können die Unwissenheit und die Zügellosigkeit des Königs den Untergang des Staates herbeiführen.[109] Die unbeschränkte Macht des Königs könnte ihn dazu veranlassen, den Staat nach egoistischen Prinzipien zu regieren, anstatt die richtige Einsicht und die vier Tugenden zum alleinigen Ziel zu machen. In einer <u>extremen</u> Demokratie würden die verschiedenen Ansprüche der Bürger den Untergang des Staates verursachen, da keine Macht vorhanden ist, welche die verschiedenen Ansprüche abwägt und vereint.[110]

Dem Niedergang des Staates soll durch die Einrichtung einer Mischverfassung entgegengewirkt werden, welche die positiven Seiten der Monarchie und der Demokratie verbindet. Das monarchische Element, die Herrschaft einer kleinen Gruppe, die ihre Entschlüsse schnell umsetzen kann, soll mit dem demokratischen Ele-

---

[107] Platon, Nomoi 711 a
[108] vgl. Platon, Nomoi 710 a
[109] vgl. Platon, Nomoi 695 a
[110] vgl. Platon, Nomoi 701 a

ment der Freiheit verbunden werden, welches die Bürger an der Wahl der Staatsführung beteiligt. Damit wäre einerseits die Macht der Herrschenden beschränkt, da sie sich gegenseitig kontrollieren, und zugleich könnte von ihnen die drohende Disharmonie einer Massenherrschaft abgewendet werden, indem sie konkrete Richtlinien durch das Gesetz vermitteln. Platon strebt in den Nomoi eine institutionelle Kontrolle der Regierenden an, wie sie Popper in seiner Kritik an der Politeia fordert.[111]

2.1.6 Zusammenfassung

Das Ziel der Nomoi besteht in der Förderung des Glücks des Staates und der Individuen. Das wichtigste Mittel bei der Umsetzung dieser Ziele sind die Gesetze. Sie enthalten das Wissen der vorangegangenen Generationen bezüglich der gerechten Lenkung eines Staates, welches ständig erweitert und verändert wurde, um es an neue Lebenssituationen anzupassen. Zur Erweiterung, Anwendung und Umsetzung der gesetzlichen Regelungen bedarf es eines Verwaltungsapparats. Die Gesetze übernehmen eine doppelte Funktion im Staat. Einerseits sind sie ein Erziehungsmittel für das Volk. Sie geben Richtlinien vor, die sich auch in der Kultur und der Erziehung wiederfinden und damit das Leben der Polisbürger vollkommen durchdringen. Andererseits schränken die Gesetze die Bürger nicht ein, sondern sie geben ihnen Kontrolle über die Regierungsarbeit. Sie sind ein Maßstab, der <u>allen</u> zugänglich ist und daher niemanden von der Beurteilung der Regierung ausschließt. Der Gesetzesstaat hat eine Mischverfassung, die durch ein demokratisches und ein monarchistisches Element bestimmt ist. Legitimiert durch die Abstimmung des Volkes, sollen die Besten in ihm herrschen.

2.2 Grundannahmen der Nomoi

2.2.1 Epistemologie

In diesem Kapitel werden die philosophischen Grundannahmen der Nomoi untersucht. Im Blickpunkt stehen die Epistemologie, die Ethik und die Anthropologie sowie die Rechtfertigung der Herrschaft und die Realisierungsbedingungen. In den Nomoi existieren zwei Erkenntnismethoden nebeneinander. Die Gesetze speichern

---

[111] vgl. Popper 146

das Wissen der vorangegangenen Generationen. Dieses hat sich dadurch weiterentwickelt, dass die Menschen sich zu Gruppen zusammenschlossen und dabei immer die Regeln beibehielten, die sich in der Anwendung als am geeignetsten erwiesen. Es handelt sich also um ein empirisches Verfahren, bei dem alle neuen Regelungen sich in der Praxis bewähren müssen. Welche Gesetze geeignet sind, zeigt sich bei ihrer Anwendung im Staat. Die Umsetzung der Gerechtigkeit im Staat ist ein andauernder Prozess, bei dem nach und nach die besten Regeln gefunden und einer sich wandelnden Gesellschaft angepasst werden.[112] Die Gesetze sind aber auch ein Erzeugnis der Vernunft und sie haben Anteil an der im Kosmos wirkenden Vernunft. Daher entspringt das Gesetz nicht der menschlichen Willkür, sondern es ist zugleich der Ausdruck einer metaphysischen Ordnung. „Nun, dann müssen auch Vernunft, Vorstellung, Berechnung, Kunst und Gesetz ursprünglicher sein als Hartes und Weiches und Schweres und Leichtes, und ebenso werden dann auch die großen und ursprünglichen Schöpfungen eben als solche Werke der Kunst, was jene Leute aber Werke der Natur und die Natur selbst, die sie (eben) hiernach fälschlich mit diesem Namen nennen, werden etwas Späteres und von der Kunst und Vernunft Abhängiges sein."[113] Das ideale Vernunftgesetz wird mit dem politischen Gesetz identifiziert. Das Gesetz erhält die Funktion und der Gesetzgeber die Aufgabe, die im gesamten Universum herrschende Ordnung und Regelmäßigkeit auch im menschlichen Bereich zu verwirklichen. Im Staat geschieht dies durch die Schaffung einer dauerhaften Ordnung und im Individuum durch die Erziehung. Platon spricht davon, dass die Satzungen der Vernunft zu Gesetzen erhoben werden müssen.[114] Den Gesetzgebern ist durch ihre Vernunft die Möglichkeit gegeben, das Vernunftgesetz zu erkennen, es in den Gesetzen für jeden sichtbar zu machen und auf diese Weise die Regelung des Zusammenlebens selbst in die Hand zu nehmen. Die Menschen, die durch ihre Vernunft Zugang zum idealen Gesetz haben, werden zu Mitgliedern der sogenannten ‚nächtlichen Versammlung' vereint. Ihre Aufgabe ist die Bewahrung des höchsten Wissens.[115] Müller bemerkt hierzu: "Der nächtliche Rat ist die einzige nur aus dem

---

[112] vgl. Platon, Nomoi 676 a – 681 d
[113] Platon, Nomoi 892 c
[114] vgl. Platon, Nomoi 712 a
[115] vgl. Platon, Nomoi 632 c / 951 d ff.

philosophischen Prinzip fließende Institution der Nomoi ..."[116] Die nächtliche Versammlung, dieses spezifisch platonische Element der Nomoi, hat keine Regierungs- und Kontrollfunktion, sondern sie ist ein metastaatliches Organ, welches die Gesetze kontrolliert und vervollkommnet. Die institutionellen und intellektuellen Erfordernisse zur Bewahrung des Staates sind die nächtliche Versammlung als das Organ der Bewahrung, die Kenntnis der Tugend als des einen und einzigen Ziels der Gesetzgebung, Dialektikkenntnisse zur Begründung der Einheit der Tugenden – so wie theologisches Wissen zur Verteidigung der Lehre dient, die besagt, dass das Gesetz eine Abbildung der im Kosmos wirkenden Vernunft ist.[117] Die Gesetze sind daher nicht reine Konvention, sondern das Ergebnis einer dialektischen Einsicht in die Prinzipien der Vernunft. „Lässt sich nun wohl in irgendeinem Fache eine vollkommenere Betrachtungs- und Anschauungsweise denken als wenn jemand im Stande ist von dem Vielen und Ungleichartigen aus auf einen Begriff hinzublikken?"[118] Platon geht in den Nomoi davon aus, dass es eine übergeordnete Realität gibt. Im Gegensatz zu den Elementen der dinglichen Welt kommt dieser Wahrheitsgehalt zu. Die Menschen sind zur Regelung ihres Zusammenlebens auf diese Wahrheit angewiesen. Da jedoch kaum jemand in der Lage ist, sich kraft seiner Vernunft dieser obersten Wahrheit anzunähern, sind die Bürger des Gesetzesstaates auf eine Regierung angewiesen, die ihnen die oberste Wahrheit in Form der Gesetze darlegt. Die Gesetze bilden die oberste Wahrheit ab. Anstatt durch die Vernunft die Prinzipien zu erblicken, kommen die Prinzipien durch die Gesetze zu den Menschen. Die Dynamik des menschlichen Zusammenlebens führt aber dazu, dass die Gerechtigkeit von den Gesetzen niemals vollständig abgebildet werden kann. Sie müssen den sich verändernden Lebensbedingungen immer wieder aufs Neue angepasst werden. Die Gesetze liefern daher keinen absoluten Maßstab für die Gerechtigkeit. Sie haben jedoch gegenüber dem Vernunftgesetz den Vorteil, für jeden einsehbar zu sein. Damit besitzen die Bürger des Gesetzesstaates eine Kontrollinstanz, an der sich auch die Regierungsarbeit messen lässt.

---

[116] Müller 169
[117] vgl. Platon, Nomoi 961 a – 968 a
[118] Platon, Nomoi 965 c

2.2.2 Ethik und Anthropologie

Betrachten wir nun die metaphysischen Prinzipien, auf denen die Ethik und die Anthropologie aufbauen. Platon unterscheidet grundlegend zwischen der Seele und der Körperwelt. Dem Seelenprinzip lässt er Priorität zukommen. Alle Bewegung in der Welt müsse von der Seele ausgehen, da sie allein die Kraft habe, sich selber zu bewegen. Die Selbstbewegung ist das Wesen der Seele, die Seele ist also die Ursache von allem.

„Und war denn unsere Behauptung durchaus richtig und vollgültig, wahr und treffend, dass die Seele ursprünglicher sei als der Körper und dass dieser ein Abgeleitetes und Späteres und nach der Ordnung der Natur der Herrschaft der Seele untertan ist."[119]

In dieser Lehre zeigt sich die Nähe zu seinem Schüler Aristoteles, der die Lehre vom unbewegten Beweger vertritt.[120] Doch für Platon ist die Seele nicht das Anfangsglied der natürlichen Bewegungen, sondern ihr Akt der Bewegung ist ganz verschieden von dem Bewegungsakt der natürlichen Dinge. Die Vorgänge in der natürlichen Welt sind Fakta, also etwas Hervorgebrachtes (opus operantum). Die Seele bewegt sich jedoch selbst, sie ist ein Aktus (opus operantis). Diese Lehre vertritt Platon auch im Philebus.[121] Platon nimmt an, dass zwei Seelen existieren. Eine ist auf das Gute ausgerichtet und eine auf das Böse. Diese beiden Seelen finden sich in allem und sie sind der Ursprung der Gegensätze, wie gut und böse, schön und hässlich, gerecht und ungerecht etc.[122] Die Seele des Menschen verwirklicht sich, wenn sie das Rechte tut, denn das gerechte Leben ist auch das glückliche Leben.[123] Doch wodurch zeichnet sich das gerechte Leben aus und was bewegt einen Mensch dazu, ein Unrecht zu begehen? Im neunten Buch der Gesetze definiert Platon die Ungerechtigkeit als die Gewaltherrschaft der Begierden über die Seele. Zorn, Furcht, Lust, Schmerz etc. definiert er als Ungerechtigkeit. Die Vorherrschaft der Vorstellung vom Besten über die Seele sei hingegen die Gerechtigkeit. Die Ethik der Nomoi beruht auf dem Prinzip der Metriopathie.[124] Der gute Mensch unterdrückt seine Gefühle

---

[119] Platon, Nomoi 896 b, c
[120] vgl. Gauss (3, 2) 218
[121] vgl. Platon, Philebus 23 d
[122] vgl. Platon, Nomoi 896 d, e
[123] vgl. Platon, Nomoi 662 e
[124] vgl. Gauss (3, 2) 229

nicht, lässt sich aber auch nicht durch sie beherrschen. Gerechtigkeit und Ungerechtigkeit sind nicht an die Handlungen der Menschen geknüpft, sondern sie stellen einen Seelenzustand dar, in dem entweder die Begierden oder die Vernunft die Seele beherrschen.[125] Diese Unterscheidung soll den Bürgern durch die Gütertafeln vermittelt werden, die am Anfang der Einzelgesetzgebungen gleichsam als Proömien auftauchen. In diesen Gütertafeln stellt Platon eine Wertehierarchie auf, in welcher er seine Ontologie mit der Ethik verbindet. Die Abstufungen der beiden Gütertafeln sehen wie folgt aus: Seelische, körperliche und äußere Güter unterscheidet die erste Tafel; Einsicht, göttliche und menschliche Güter unterscheidet die zweite Tafel. Die vier Grundtugenden werden an dieser Stelle als die göttlichen Güter bezeichnet und Schönheit, Reichtum, Gesundheit und Stärke als die menschlichen Güter. Platon stellt in den Nomoi einen Tugendkatalog auf, durch welchen den Bürgern mitgeteilt wird, welche Tugenden sie erwerben müssen, um gerecht und damit auch glücklich zu werden.

Der Tugendkatalog gibt die klaren Richtlinien vor, an denen sich auch die Einzelbestimmungen der Gesetze orientieren. Platon verlangt hier nicht die Einsicht in den metaphysischen Ursprung des Guten, sondern die Befolgung einer allgemein nachvollziehbaren Wertehierarchie.

„Indessen ist und bleibt Gesetzgebung und Staatseinrichtung das aller vollkommenste Mittel, um die Menschen zur Tugend zu erziehen."[126] Damit sagt Platon über das Wesen des Menschen aus, dass es für das Gute grundsätzlich empfänglich ist. Jede Seele sei in der Lage, gerecht zu werden. Doch die meisten Menschen besäßen nicht die Kraft, durch eigenen Antrieb gerecht zu sein. Deswegen seien sie auf die Richtlinien des Staates angewiesen. Das Entstehen der Ungerechtigkeit führt Platon auf einen Zustand der Unwissenheit zurück. Ist ein Mensch ungerecht, dann erkennt er in diesem Moment nicht, dass die Gerechtigkeit ihn auf lange Sicht viel glücklicher machen würde.[127] Er richtet seinen Wille nicht auf den göttlichen, sondern auf den menschlichen Seelenteil und fällt durch seine Unwissenheit der Herrschaft seiner Begierden anheim. Kein Mensch begeht also freiwillig ein Unrecht, sondern immer nur auf Grund seiner mo-

---

[125] vgl. Platon, Nomoi 863 e
[126] Platon, Nomoi 708 d
[127] vgl. Platon, Nomoi 663 a

mentanen Unwissenheit. Daraus ergibt sich die Frage, ob ein Mensch überhaupt die Verantwortung für ein unbewusst begangenes Unrecht übernehmen kann. Die Unwissenheit ist für Platon nicht sittlich irrelevant. Die Einsichtsbildung ist ein Teil der sittlichen Aufgabe des Menschen.[128] Wer also ein Unrecht begeht, muss trotz seiner Unwissenheit die Verantwortung dafür übernehmen, weil er diese Unwissenheit selbst verschuldet ist. Denjenigen, die nicht in der Lage sind, selbst Einsicht zu gewinnen, gibt der Staat durch die Gesetze, die Erziehung, durch Kunst und Religion Leitbilder vor, an denen sie sich orientieren können. Die Bürger des Gesetzesstaates haben die sittliche Pflicht, ihre Seele besser zu machen und sich dafür die entsprechenden Lehrer der Arete zu suchen. „Drum muß Jedermann die allzu große Selbstliebe fliehen und vielmehr Dem der besser ist als er nacheifern und sich durch keine (falsche) Scham hievon abhalten lassen."[129] Die Nomoi werden oftmals nicht allein als Übermittler der platonischen Staatslehre angesehen, sondern als literarisches Mittel, welches dem Leser die anzustrebenden Tugenden, die Bestform vermittelt.[130] Hentschke spricht in diesem Zusammenhang von einer Institutionalisierung der besonderen sokratischen Züge.[131] Sokrates diene als reales Beispiel für das richtige Verhalten eines Individuums zu seiner unsterblichen Seele. Was Platon von ihm gelernt habe, versuche er durch die Staatskonzeption der Nomoi zu institutionalisieren. Der Staat erziehe seine Bürger gemäß dem großen Vorbild Sokrates. Das Wissen des Nicht-Wissens entspreche der Forderung, anderen ihren Bereich in Form der technischen Arbeitsteilung zu überlassen. Und die Forderung, Verantwortung für das eigene Handeln zu übernehmen, das Thema des Kriton-Dialoges, entspreche dem Umstand, dass im Gesetzesstaat jeder Einzelne am Glück mitwirkt und Verantwortung für das Gelingen übernimmt. Auch die Beherrschung der Lust, die Voranstellung der seelischen vor die körperliche Schönheit und die materielle Genügsamkeit sind Themen der Nomoi, die von Hentschke mit Sokrates in Verbindung gebracht werden. Da uns aus den verschiedenen Quellen (Platon, Aristophanes, Xenophon etc.) ganz unterschiedlich von Sokrates berichtet wird, können wir nicht mehr nachvollziehen, ob sich in den Richtlinien der Nomoi tatsäch-

---

[128] vgl. Platon, Nomoi 728 c f. / 732 b f.
[129] Platon, Nomoi 732 b
[130] vgl. Schöpsdau 132 - 135
[131] vgl. Hentschke 270 ff.

lich die *Person* Sokrates widerspiegelt. Durch die platonischen Dialoge kennen wir jedoch die sokratischen Ansichten. Und diese lassen sich durchaus in den erwähnten Stellen der Nomoi wieder finden. Wir können daraus schließen, dass Platon wahrscheinlich die Quintessenz aus der sokratischen Lehre gezogen hat und diese nun in seine eigene Lehre und Staatskonzeption integriert. Wodurch ist die Einführung der Herrschaft laut Nomoi gerechtfertigt? Der Mensch sei durch zwei unvereinbare Züge charakterisiert, welche die Herrschaft notwendig machen. Zum einen sei er ein Gemeinschaftswesen. Er habe schon immer in Staatsverbänden gelebt.[132] Demzufolge braucht der Einzelne die Gemeinschaft zur Ausübung seiner Arete. Ethik und Politik sind untrennbar. Das individuelle Glück ist untrennbar mit dem Glück der Gemeinschaft verwoben. Der Mensch vereint in sich eine menschliche und eine göttliche Natur. Und die menschliche Natur ist schwach, sie erkennt nicht, dass der gemeinsame Nutzen zugleich dem gemeinsamen wie dem eigenen Interesse dient. Dadurch ist der Mensch auf die Gemeinschaft angewiesen. Er wird durch seinen Mangel an Einsicht aber dazu verleitet, gegen sie und daher auch gegen seine eigene Entwicklung zu arbeiten. Dies macht die Einführung des Gesetzgebers notwendig. Damit die Menschen in der Gemeinschaft leben können, auf die sie angewiesen sind, muss der Gesetzgeber Ordnung und Regelmäßigkeit auch im menschlichen Bereich verwirklichen. Zu diesem Zweck versucht die nächtliche Versammlung, die Wahrheit der übergeordneten Ursprünge durch die Gesetze wiederzugeben. Wenn der Bürger sein Leben nach dieser Vorgabe ausrichtet, dann kann er in der Gemeinschaft leben, die er zur Ausübung seiner Arete braucht. Die Gesetze sollen den Mangel an absolutem Wissen ausgleichen, der dadurch entsteht, dass die wenigsten Menschen in der Lage sind, in die Ideen Einsicht zu nehmen. Sie sind sozusagen eine Instanz zwischen den Menschen und den Prinzipien. Platon vergleicht den Gesetzgeber mehrmals mit einem Arzt, der die Bürger erziehend mahnen soll. [133] Um in diesem Bild zu bleiben, kann man sagen, dass die Bürger an einer Krankheit leiden, von der sich die wenigsten selbst heilen können, und deswegen auf den ‚ärztlichen Beistand' der Gesetzgeber angewiesen sind. Die Hauptaufgabe des Gesetzgebers besteht in der Vertretung dessen, was in den Ge-

---

[132] vgl. Platon Nomoi 636 a ff.
[133] vgl. Platon, Nomoi 720 b - e / 857 c - 859 c

setzen zwar enthalten ist, aber nicht direkt gesagt werden kann.[134] Hatte Platon tatsächlich die Verwirklichung des Nomoistaates im Sinn oder sah er in den Nomoi eher ein Lehrmittel oder ein Stück Literatur?

2.2.3 Realpolitische Absichten

Müller hält die Nomoi nicht für einen praktischen Vorschlag. Der weit gereiste Platon könne unmöglich so weltfremd gewesen sein, dass er tatsächlich einen Doktrinarismus, inquisitorischen Despotismus und die Regulierung des Lebens bis in die absurdesten Einzelheiten fordern könne.[135] Für die Vermutung, dass Platon mit den Nomoi realpolitische Absichten verfolgte, sprechen drei Umstände. Von der Akademie ist bekannt, dass sie Beratertätigkeiten übernahm, wenn es um Koloniegründungen und Reformen ging.[136] Die Nomoi dienten der Akademie in dieser Hinsicht als Lehrbuch. Infolgedessen hatten sie durch die Beratertätigkeit der Schüler Platons indirekten Einfluss auf politische Entscheidungen. Die Tatsache, dass die Nomoi sich eng an historischen Vorbilder orientieren, spricht auch dafür, dass sie verfasst wurden, um einen Platz in dieser Realität zu finden. Das historisch Vorliegende hat für die Nomoi Wahrheits- und Beispielcharakter:„... und es werden sich unsere Untersuchungen ... nicht auf leere Theorie, sondern auf Geschichte und wirkliche Begebenheiten gründen."[137]

Die Masse der Gesetze stammt aus dem attischen Recht und auch die Struktur der Bevölkerung, die Einteilung in vier Vermögensklassen und die Erziehungsgrundsätze beruhen auf dem Vorbild Athen.[138] In der Kontrolle der bürgerlichen Lebensweise und der Erziehung durch den Staat, der Verteilung von gleichen Landlosen bei der Einteilung des Territoriums und dem Verbot von Gold und Silber für die Bürger ist auch der Einfluss Spartas sichtbar.[139]

Die Nomoi enthalten zahlreiche Gesetze, die nahezu alle Lebensbereiche zu regeln scheinen, sie machen konkrete Angaben zur Aufgabenverteilung unter den Beamten und sogar die geografische Lage

---

[134] vgl. Platon, Nomoi 718 a - 724 b
[135] vgl. Müller 178
[136] vgl. Schöpsdau 132 - 135
[137] Platon, Nomoi 684 a
[138] vgl. Müller 171
[139] vgl. Schöpsdau 124

des Staates wird ins Auge gefasst. Platon begibt sich nur stellenweise auf eine abstrakte Ebene, beispielsweise, wenn er die Ursache des Unrechts untersucht, größtenteils entwirft er jedoch fertige Gesetze. Es handelt sich bei den Nomoi wahrscheinlich nicht um eine theoretische Auseinandersetzung mit den Problemen der Staatsphilosophie, sondern um einen konkreten Leitfaden zur Realisierung eines Gesetzesstaates. Dass Platon sehr daran gelegen war, seine Theorien auch zu erproben, zeigt beispielsweise auch folgendes Zitat bezüglich einer der Sizilienreisen, das aus dem siebten Brief stammt:

„Als ich daher die Sache erwog und schwankte, ob ich die Reise unternehmen und ihm (Anmerk. d. Verf.: Dion) Gehör geben sollte oder nicht, entschied ich mich für die Ansicht, es zu tun und jetzt versuchen zu müssen, ob irgend jemand es unternehmen werde, einmal meine Gedanken über Gesetze und Verfassung auszuführen ..."

Über seinen Entschluss zu dieser Reise fügt er hinzu: " ..., weil ich Scheu vor mir selber hegte, mein ganzes Wesen möchte mir selbst geradezu als bloße Worte erscheinen, ohne irgend aus freier Wahl Hand an irgendeine Tat zu legen,..."[140]

2.2.4 Zusammenfassung der Grundannahmen

Die Auffindung der Gerechtigkeit geschieht einerseits durch ein empirisches Verfahren, das fortwährend mit der Verbesserung der tradierten Gesetze beschäftigt ist. Andererseits gibt es auch den unmittelbaren Weg zur Wahrheit. Dieser führt über das dialektische Verfahren, welches die Mitglieder der nächtlichen Versammlung repräsentieren. Die Kombination dieser Verfahren bei der Gesetzgebung verleiht den Gesetzen den Anspruch, für die Anwendung geeignet zu sein und zugleich in einer absoluten Wahrheit zu wurzeln. Sie dienen den Bürgern als eine Kontrollinstanz, an der sie die Arbeit ihrer Regierung messen können.

Ungerechtigkeit definiert Platon als einen Seelenzustand, in dem der Mensch aus Unwissenheit seine Vernunft durch die Begierden beherrschen lässt. Jeder Mensch habe die Pflicht, diese Unwissenheit zu beseitigen, indem er die Gesetze befolgt und die Lehrer der Arete aufsucht. Ideenerkenntnis verlangt der Nomoistaat nicht von den Bürgern. Die Gesetze sollen ihnen die Prinzipien der Gerechtigkeit

---

[140] Platon, Nomoi 328 b, c

vor Augen führen. Da nur das gerechte Leben auf Dauer auch das glückliche Leben ist, die meisten Menschen jedoch nicht die Erkenntniskraft besitzen, um dies zu erkennen, sind sie zur Ausübung ihrer Arete auf den Staat angewiesen.

2.3 Kritik an den Nomoi

Die Kritiker der Nomoi richten ihre Hauptaugenmerk auf das Verhältnis von Individuum und Staat.[141] Die Gemeinschaft, d. h. der Staat und die Familie, würden das Individuum dominieren. Das Recht und die Meinung der Gemeinschaft würden über dem Recht und der Meinung des Einzelnen stehen. Der Gesetzesstaat biete daher kaum Bewegung für die Subjektivität und er dulde auch keine Kritik und kein Hinterfragen der Gesetze. Verbesserungen würden nur sehr eingeschränkt geduldet. Die Erkenntnislehre sei demzufolge nicht in der Subjektivität begründet, sondern Platon errichte stattdessen einen theistisch begründeten Determinismus. Die Nomoi würden nach einer autoritativen Wahrheit suchen. Die Religion diene allein dem Staat zur obersten Begründung der zivilen Moral. Es gebe überhaupt nichts Individuelles, da beispielsweise auch die Kunst ganz im Auftrag des Staates stehe. Hösle sieht in den Nomoi den Versuch der Rückkehr zu einer thetischen, vorsophistischen Zeit. Ziel sei die Rückkehr in die Archaik einer vorsophistischen Lebenswelt. Die Nomoi seien nicht so sehr ein politisches Programm, „als vielmehr der konzentrierte Versuch, auf Hunderten von Seiten die untergehende griechische Archaik mit ihren Spielen und Tänzen, ihrer Kunst, ihrer Religion und ihrem sittlichen und politischen Empfinden"[142] nachzuleben. Daraus resultiert ein Widerspruch in der platonischen Philosophie. In anderen Dialogen Platons steht die Selbstbestimmung der Gesprächspartner im Vordergrund. Jeder von ihnen wird angehalten, eigene Gedanken zu dem Thema zu entwickeln und sich nicht auf die gängigen Meinungen zu verlassen. Dieser Ansatz beruht auf der Ansicht, dass grundsätzlich jeder Mensch dazu in der Lage ist, durch den Einsatz seiner Vernunft Einsicht zu gewinnen. Im Gegensatz zu diesen früheren Dialogen scheint in den Staatsdialogen die Freiheit der Bürger jedoch stark eingeschränkt zu sein. Wird der Mensch in den Nomoi nur noch als Mitläufer angesehen? Die staatliche Gesinnungseinheit, in der sich das Individuum

---

[141] Kritik an den Nomoi: vgl. Hösle 616 – 621 / Voegelin 104 f. / Gauss 122 - 126
[142] Hösle 621 f.

möglichst weit zurücknimmt, hat eine vorsokratische Tradition bei Herodot, Sophokles und Aristophanes. Gauss argumentiert, dass Platon in seinem nicht politischen Denken ein Sokratiker ist, während seine politische Philosophie durch vorsokratische Einflüsse bestimmt ist.[143] Zudem erlebte Platon den Peloponnesischen Krieg mit, in dem seine Vaterstadt Athen unterging, die damals eine politische Großmacht war. Durch sein Staatsmodell wolle er den Krieg und die Verwilderung der Sitten verhindern, die seinem Volk zum Verhängnis wurden. Die Motivation durch biografische Einflüsse ist wahrscheinlich nicht von der Hand zu weisen, dennoch lässt sie sich nicht mit Sicherheit nachweisen. Gegen die Kritik, Platon weiche in seinen politischen Dialogen von dem sokratischen Anspruch auf Selbstbestimmung ab, lassen sich dagegen inhaltliche Einwände anführen. In den übrigen Dialogen steht die Erkenntniskraft des Subjekts im Vordergrund. Der Einzelne gelangt durch den Gebrauch seiner Vernunft zur wahren Erkenntnis. Der Bezug zwischen dem Wissen des Einzelnen und dem Staat ist nicht das zentrale Thema dieser Dialoge. Platon zeigt dort, dass jeder Mensch ein potenzieller Selbstdenker ist. Von dieser Vorstellung weicht er auch in den Nomoi nicht ab. Die anthropologischen Grundannahmen, die Platon im Zusammenhang mit dem Strafrecht der Nomoi macht, besagen, dass jeder Mensch neben seinen schlechten Seelenteilen auch einen vernunfthaften Seelenteil besitzt. Der Mensch neige jedoch aus Unwissenheit dazu, die schlechten Seelenteile über den vernunfthaften Seelenteil herrschen zu lassen und ein kurzfristiges kleines Glück einem dauerhaften Glück vorzuziehen. Deswegen benötige er die Unterstützung des Staates, der ihm durch die Gesetze und die Tugenderziehung als Vorbild dienen soll. Das Gemeinwohl wird durch die Gesetze gewährleistet, da eine konsequente Verfolgung der Vernunft der Menschennatur schwer fällt.[144] Demnach besteht kein Bruch zwischen dem Menschenbild der Staatsdialoge und dem der übrigen Dialoge. Der Mensch ist und bleibt ein Selbstdenker. Die nicht-politischen Dialog liefern Beispiele von Selbstdenkern und zeigen, wie sie sich mit verschiedenen Themen auseinander setzen. Die Staatsdialoge zeigen, wie Menschen dazu angeleitet werden können, den vernunfthaften Seelenteil über sich herrschen zu lassen. Zugleich liefern sie mit der technischen Arbeitsteilung ein Modell,

---

[143] vgl. Gauss 122
[144] vgl. Platon, Nomoi 875 b

welches das sinnvolle Zusammenwirken der Kräfte gewährleisten soll, die in den übrigen Dialogen nur für sich alleine betrachtet wurden. Das Regelwerk des Gesetzesstaates dient der Förderung und nicht der Unterdrückung der Bürger. Zugleich sollen die Gesetze die Bürger vor den Übergriffen schlechter Politiker schützen, da sie einen allgemeingültigen Maßstab darstellen, an dem sich jede Handlung messen lässt. Platon setzt sich jedoch nicht mit der Frage auseinander, ob nicht auch in einem Gesetzesstaat Machtmissbrauch möglich ist. Er scheint davon auszugehen, dass die allgemein gültigen Regeln weder von den Bürgern noch von den Politikern hintergangen werden können. In diesem Punkt greift seine Auseinandersetzung mit dem bestmöglichen Staat zu kurz, da die Gesetze für ihn ein Allheilmittel zu sein scheinen, das den Herrschaftsmissbrauch grundsätzlich verhindert. Zudem sind die Mittel, welche der Nomoistaat zur Umsetzung seiner Ziele gebraucht, fragwürdig, da sie seinen eigenen anthropologischen Grundannahmen widersprechen. Der Staat verfolgt seine Ziele mit inquisitorischen Maßnahmen.[145] Und er vertritt ein drakonisches Strafrecht. Denjenigen Verbrechern, bei denen nach Einschätzung des Gesetzgebers keine Aussicht auf Besserung besteht, droht die Todesstrafe.[146] Diese Vorgehensweise widerspricht dem zuvor konstruierten Menschenbild. Zum Wesen jedes Menschen gehört nämlich ein vernünftiger Seelenteil, der eine Verbindung zu seinem göttlichen Ursprung darstellt. Damit kann kein Mensch durch und durch schlecht sein. Die Aussicht auf Besserung besteht für jeden, weil jeder die notwendigen Anlagen besitzt. Daher bestände kein Grund zur Einführung der Todesstrafe.

Außerdem empfiehlt Platon, die Realisierung des Gesetzesstaates durch einen Tyrannen durchführen zu lassen.[147] Damit stehen die Realisierungsbedingungen des Nomoistaates im Widerspruch zu seinem eigenen Strafrecht. Dieses fordert nämlich die Bekämpfung aller Sonderinteressen und der Tyrann ist geradezu das Musterbeispiel für einen unbekehrbaren Verbrecher, der den begehrenden Seelenteil über sich herrschen lässt. Diesen müsste im Gesetzesstaat eher die Todesstrafe als die Zusammenarbeit mit den Gesetzgebern erwarten. Man solle sich jedoch, so Platon, dessen Macht über die

---

[145] vgl. Müller 149 ff.
[146] vgl. Platon, Nomoi 854 e f.
[147] vgl. Platon, Nomoi 709 e f.

Bürger zu Nutze machen, um tief greifende Reformen schnell umzusetzen.[148] Ferner fordert der Staat von seinen Bürgern Aufrichtigkeit und Wahrhaftigkeit untereinander, da dies die Einheit unter ihnen stärkt.[149] Zugleich fördert er aber das Denunziantentum, indem er seine Bürger auffordert, jedes Vergehen ihrer Mitbürger anzuzeigen.[150] Insgesamt ergibt sich ein geteiltes Bild vom Staat. Einerseits ist er um die Tugenderziehung seiner Bürger bemüht. Er unterstützt sie, indem er ihnen Richtlinien zur Umsetzung der Tugend gibt, die ihnen helfen sollen, ihre Schwächen zu überwinden. Zur Durchsetzung seiner Ziele wendet der Staat jedoch Mittel an, die gegen seine eigenen Grundsätze verstoßen. Er will seine Ethik durch unethische Maßnahmen realisieren. Im Vergleich zu Machiavellis „Il principe" könnte man sagen, dass auch in den „Nomoi" eine Trennung von Politik und Moral vorliegt. Das Wohl des Staates muss nicht unbedingt mit guten Mittel erreicht werden. Ebenso wie der Einzelne für das wahre Glück auf die kurzfristige Erfüllung einzelner Begierden verzichten muss, so scheint für den Staat das wahre Glück nur durch die Missachtung von Einzelschicksalen möglich zu sein. Vordergründig wirft dies die Frage auf, ob ein Staat gerecht ist, der zur Verwirklichung dieser allgemeinen Gerechtigkeit in Einzelfällen ungerecht ist. Tatsächlich existiert in Platons Staatsmodell jedoch kein Widerspruch zwischen den Interessen des Staates und den Interessen des Individuums. Durch die gemeinsame Orientierung an den Gesetzen, am Vernunftprinzip sind im Gesetzesstaat alle Interessen miteinander verbunden. Und sie lassen sich nur durch Zusammenarbeit realisieren.

„Denn fürs Erste ist es schwer sich davon zu überzeugen, dass die Staatskunst nicht den Nutzen des Einzelnen, sondern das allgemeine Wohl im Auge haben müsse, weil das Gemeinwohl den Staat zusammenhält, das Sonderinteresse aber ihn zerreißt, und dass es beiden, nicht bloß dem Staate, sondern auch dem Einzelnen, besser zustatten kommt, wenn die Sorge für das Gemeinwohl als wenn das Privatinteresse voransteht."[151] Es kommt nicht zu einem symbiotischen Verhältnis zwischen Individuum und Staat. Die Abhängigkeit ist einseitig. Das Wohlergehen des Einzelnen hängt vom Wohlerge-

---

[148] vgl. Platon, Nomoi 710 b
[149] vgl. Platon, Nomoi 738 e
[150] vgl. Platon, Nomoi 856 b f.
[151] Platon, Nomoi 875 a, b

hen des Staates ab. Das Wohlergehen des Staates hängt jedoch nicht vom Wohlergehen des Einzelnen ab. Diese enge Verbindung von dem Wohl des Einzelnen mit dem Wohl der Gemeinschaft bedeutet jedoch nicht notwendiger Weise den Rückfall in vorsokratische Traditionen. Die Nomoi begründen durch die Proömien ihre Gesetzgebung, sie streben ausdrücklich den Fortschritt der Gesetze und ihre Verbesserungen durch die nächtliche Versammlung an. Der Staat wurzelt nicht blind in seinen Traditionen, sondern treibt, stets am Wohl der Bürger orientiert, die eigene Entwicklung voran.

2.4 Zusammenfassung des zweiten Kapitels

Mit den Nomoi zeigt Platon, wie eine an den Prinzipien seiner Philosophie orientierte Gesetzgebung auszusehen hätte. Sie sind ein technologischer Leitfaden, der Sachwissen bezüglich der Durchführung einer Koloniegründung vermittelt. Wahrscheinlich wurden die Nomoi auch in der Akademie als Lehrmaterial eingesetzt und durch die Beratertätigkeiten der Akademieschüler weit verbreitet. Die Regierungsform des Gesetzesstaates ist eine demokratisch legitimierte Aristokratie; eine Herrschaft der Besten mit der Zustimmung des Volkes. Das Ziel dieser Staatsform ist die Eudämonie für die Bürger und den Staat. Das Glück, so lässt sich der ethische Grundsatz der Nomoi zusammenfassen, resultiert aus der Gerechtigkeit. Nur wer gerecht ist, kann auch glücklich werden.

Nicht jeder Mensch ist jedoch dazu in der Lage, aus eigener Kraft gerecht und damit auch glücklich zu werden. Oftmals herrscht der begehrende Seelenteil über den vernünftigen Seelenteil, obwohl allein Letzterer den Zugang zur Gerechtigkeit eröffnen könnte. Jenseits der materiellen Welt existiert nämlich eine kosmische Ordnung, die auch das Wesen der Gerechtigkeit enthält. Der Staat hat die Aufgabe, seinen Bürgern diese Grundordnung zu vermitteln, um ihnen trotz ihrer Uneinsichtigkeit den Weg zur Gerechtigkeit zu ermöglichen. Weil jedoch ebenfalls auf der staatlichen Ebene nicht dauerhaft Personen vertreten sind, die durch ihre dialektischen Fähigkeiten in die metaphysische Ordnung Einsicht nehmen können, muss diese Ordnung auf eine andere Weise weitergegeben werden.

Die Gesetze dienen dabei als eine Art Speicher des Wissens um diese Ordnung. Sie sind ein nicht-personaler Zugang zur Gerechtigkeit, da sie das tradierte Wissen vorangegangener Generationen über die Gerechtigkeit enthalten. Platon identifiziert das ideale Vernunftgesetz mit dem politischen Gesetz. Die Staatskonzeption der Nomoi wird wegen ihrer totalitären Tendenzen kritisiert.

Der Subjektivität werde keinerlei Raum gelassen, was den Anschein erweckt, Platon setze sich in den Nomoi für die Rückkehr in die Archaik der vorsophistischen Lebenswelt ein.

Die Unterstützung der Bürger auf ihrem Weg zur Gerechtigkeit kann durch das drakonische Strafrecht leicht in eine Einschränkung ihrer Freiheit ausarten. Wenn der Staat keine Kritik an seiner Position duldet, sich dogmatisch auf den Inhalt seiner Gesetze beruft und alle Kritiker als Unwissende verurteilt, dann wären die positiven Absichten zum Scheitern verurteilt. Bei aller berechtigten Kritik am Strafrecht der Nomoi lässt sich dennoch nicht das Bemühen übersehen, die Position der Bürger gegenüber dem Staat zu stärken.

3. Vergleich zwischen Politeia und Nomoi

3.1 Vergleich der Grundannahmen

3.1.1 Epistemologie

Aufbauend auf den Untersuchungsergebnissen der beiden vorangegangenen Kapitel kann nun der Vergleich zwischen den Staatsmodellen der Politeia und der Nomoi durchgeführt werden. Damit soll geklärt werden, ob die beiden Staatsentwürfe in einem Konkurrenzverhältnis zueinander stehen oder ob sie sich ergänzen.

Einleitend werden die Grundzüge beider Staatsmodelle noch einmal zusammengefasst; anschließend wird ein Vergleich ihrer Grundannahmen durchgeführt.

In der Politeia beschreibt Platon einen Staat, der durch einen tugendhaften Mann regiert wird. Dieser hat durch seine Einsicht in die Ideen eine klare Vorstellung von den Urbildern des Guten, Wahren und Schönen. Seine Aufgabe besteht darin, den Staat gemäß diesen Urbildern zu regieren. Ziel des Staates ist es, das größtmögliche Glück für alle zu erreichen. Das Glück des Staates und das Glück des Einzelnen sind untrennbar miteinander verbunden. Daher besteht in dem Politeiastaat eine feste Hierarchie, welche die Bürger gemäß ihren Fähigkeiten in drei Gruppen unterteilt und auf diese Weise das gemeinsame Hinarbeiten auf ein Gesamtglück koordiniert. Während in diesem Staat die Macht in den Händen eines Einzelnen liegt, den seine Einsicht dazu berechtigt, über alle zu herrschen, so wird der Nomoistaat durch seine Gesetze geleitet. Sie sind das Produkt aus der Erfahrung der vorangegangenen Generationen und dem Wissen der nächtlichen Versammlung. Die Gesetze bilden einen nicht-personalen Zugang auf die Wahrheit. Die Regierenden des Nomoistaates müssen daher nicht selbst die Fähigkeit zur Ideenerkenntnis haben. Ihre Aufgabe besteht in der Verwaltung der Gesetze. Daher besteht in diesem Staat keine strenge Gesellschaftshierarchie, sondern rein theoretisch ist es jedem Bürger möglich, an die Spitze des Staates zu gelangen.

Die staatsphilosophischen Ausführungen konnten in den beiden vorangegangenen Teilen dieser Arbeit auf philosophische Grundannahmen zurückgeführt werden. In den behandelten Staatsmodellen spiegeln sich erkenntnistheoretische, ethische und anthropologische Grundannahmen. Die jeweilige Staatsphilosophie geht sozusagen aus ihren Grundannahmen hervor. Die unterschiedlichen Ausführungen der Politeia und des Spätwerkes Nomoi sollen daher als Anlass genommen werden, die Grundannahmen beider Werke zu vergleichen. Den Beginn soll dabei der Vergleich der epistemologischen Grundannahmen bilden. Politik wird in der Politeia mit Wissen gleichgesetzt. Daher fordert sie eine Herrschaft der Sachverständigen, denn nur wer im Besitz des politisch relevanten Wissens ist, kann den Staat angemessen regieren. Das geforderte Wissen wird durch die Philosophie gewonnen. Seine dialektischen Fähigkeiten versetzen den Philosophen in die Lage, die verschiedenen Erkenntnisstufen zu durchschreiten und die Ideen zu erkennen. Platon stellt in der Politeia eine Verbindung zwischen Ontologie und Erkenntnistheorie her, indem er den verschiedenen Ausprägungen des Seins unterschiedlichen Wahrheitsgehalt zuspricht. Den Philosoph zeichnet die Fähigkeit aus, durch intuitives Denken Einsicht in eine absolute Wahrheit gewinnen zu können. Das Gute ist die Bedingung der Möglichkeit zur Erkenntnis. Von ihm heißt es, dass es den Objekten des Denkens Wahrheit verleiht und dem erkennenden Subjekt die Kraft des Erkennens.[152] In erkenntnistheoretischer Hinsicht macht die Politeia die Voraussetzung, dass es ein absolutes Wissen gibt und ferner, dass dieses von den Menschen erfahren werden kann. In den Nomoi steht kein Vernunftherrscher an der Spitze des Staates, sondern Gesetze regeln das Zusammenleben der Menschen. Mit Gesetzen verbindet man gewöhnlich die Vorstellung, dass sie durch Abstimmung der Volksvertreter zu Stande gekommen sind. Demnach würden sie nicht aus einem absoluten Wissen resultieren, denn ein solches Wissen würde eine Abstimmung überflüssig machen. Die in den Nomoi beschriebenen Gesetze sind jedoch keine Konventionen. Sie sind bewährte Traditionen und Ausdruck einer metaphysischen Ordnung. Platon identifiziert das politische Gesetz mit dem idealen Vernunftgesetz. Die Gesetzesvertreter haben allerdings keinen direkten Zugang auf das absolute Wissen.

Es wird ihnen durch die Gesetze vermittelt. Diese entstehen nicht durch reine Abstimmungen, sondern sie stellen das Wissen der vorangegangenen Vernunftherrscher dar und können überdies durch den Rat der nächtlichen Versammlung weiterentwickelt werden.

---

[152] vgl. Platon, Politeia 508 e

Die nächtliche Versammlung ist das spezifisch platonische Element der Nomoi. Obwohl sie, wie der Philosophenherrscher der Politeia, keine direkte Regierungstätigkeit ausübt, geht dennoch aus Platons Schilderungen hervor, dass er weiterhin von der Existenz und der Erreichbarkeit eines absoluten Wissens ausgeht. Ihren Anspruch auf Macht und ein absolutes Wissen legt die Staatslenkung in verschiedene Hände. Einem möglichen Machtmissbrauch wird durch die Verteilung der Zuständigkeiten entgegengewirkt. Damit reagieren die Nomoi auf die Schwachstelle der Politeia. Die Kritiker der Politeia vermuteten hinter dem Anspruch auf ein absolutes Wissen ein Mittel zur Durchsetzung politischer Aspirationen. Diesem Vorwurf wirken die Nomoi entgegen, indem sie Wissen und Macht institutionell voneinander trennen. Dazu werden die epistemologischen Grundannahmen der Politeia jedoch nicht aufgegeben. Die Tätigkeit der nächtlichen Versammlung ist der Beweis dafür, dass Platon nicht von dem Glauben an die Erreichbarkeit eines absoluten Wissens ablässt. Von einem Rückfall in vorsophistische Traditionen kann daher nicht die Rede sein. Die knappe Schilderung der nächtlichen Versammlung drängt die Konzeption des Ideenwissen aber deutlich an den Rand der Nomoi, während sie in dem Höhlengleichnis der Politeia noch die zentrale Rolle spielte. Die Nomoi behandeln die Religion weitaus ausführlicher als das Ideenwissen. Der Religion kommt eine Ordnungsfunktion im Staat zu. Der Glaube an einen übergeordneten Ursprung soll die göttliche Ordnung auch in den Staat einprägen. „Gehört es nun aber nicht zu dem Allerwichtigsten zu wissen, dass es Götter gibt und wie große Macht und Gewalt sie offenbaren, so weit dies überhaupt einem Menschen zu erkennen möglich ist ..."[153] Weil die Religion gegenüber dem Ideenwissen die dominantere Rolle zu spielen scheint, stellt sich die Frage, ob religiöse Dogmen in den Nomoi die Idee des Guten der Politeia ersetzen. Dient die Religion als Ersatz für das Ideenwissen? In der Politeia setzt der Staat die Religion eindeutig als Instrument ein. Er kontrolliert den Glauben der Bürger, indem er entscheidet, welche religiösen Wahrheiten verbreitet werden dürfen. Auf diese Weise benutzt er die Religion als ein Erziehungsmittel, mithilfe dessen die Bürger nach den Idealen des Staates herangebildet werden.[154] In den Nomoi betont Platon jedoch ausdrücklich, dass sich

---

[153] Platon, Nomoi 966 c
[154] vgl. Schöpsdau 125 ff.

auch der Staatslenker selbst durch seine Gottesfurcht auszeichnen solle. Niemand solle in die nächtliche Versammlung aufgenommen werden, der nicht im Besitz einer religiösen Bildung sei. Von den Mitgliedern der nächtlichen Versammlung werden zugleich jedoch auch dialektische Fähigkeiten gefordert.[155] Gibt es in den Nomoi eine Koexistenz einer religiösen und einer philosophischen Wahrheit? Findet eine Aufwertung des Glaubens gegenüber der Vernunft statt? In Platons Staatsphilosophie existieren zwei unterschiedliche Vorstellungen von Religion. Wenn er in der Politeia abwägt, welchen Nutzen die Religion für die Leitung des Staates haben könnte, dann beziehen sich diese Überlegungen auf die Göttergeschichten, die zur Beeinflussung der Bürger eingesetzt werden. In diesem Zusammenhang meint Religion einen Volksglauben, der nicht mit einer tiefen religiösen Wahrheit identifiziert wird, sondern sich allein auf die Göttergeschichten bezieht. Diese Vorstellung von Religion begegnet uns auch in den Nomoi. Die Widerlegung der drei Häresien diente einzig und allein der Stabilisierung des Staates. Im zwölften Buch der Nomoi spricht Platon allerdings in einer ganz anderen Weise über Religion. Wenn er von den Mitgliedern der nächtlichen Versammlung fordert, dass sie außer ihren dialektischen Fähigkeiten auch eine religiöse Bildung besitzen sollen, dann meint er damit nicht, dass sie an die Göttergeschichten glauben sollen. An dieser Stelle hat Religion weder etwas mit Göttern noch mit Glauben zu tun. Es handelt sich vielmehr um das Begreifen der Prinzipien durch die Vernunft. „Es ist unmöglich daß einer der sterblichen Menschen zu einer festen Gottesfurcht gelange wenn er nicht diese beiden eben erwähnten Sätze erfasst hat, einmal daß die Seele das Ursprüngliche von Allem ist, was einer Entstehung teilhaftig wurde und dass sie unsterblich ist und über Alles Körperliche herrscht, und sodann das nunmehr wiederholt von uns Abgehandelte, dass die erwähnte Vernunft der Dinge in den Gestirnen wohne ..."[156]

Der Glaube geht aus der Anerkennung des Vernunftprinzips hervor. Die Gottesfurcht, die Platon von den Mitgliedern der nächtlichen Versammlung fordert, beruht nicht auf dem Glaubens-, sondern auf dem Vernunftprinzip. Auch in den Nomoi ist die Vernunft der einzige Zugang zu den ersten Prinzipien und wird nicht durch den Glauben ersetzt.

---

[155] vgl. Platon, Nomoi 965 b – 968 b
[156] Platon, Nomoi 967 d

3.1.2 Ethik

Aus den epistemologischen Grundannahmen leitet sich auch die Ethik der Politeia ab. Der Mensch, der durch seine Vernunft Zugriff auf die Ideen hat, erfährt auf diesem Wege auch die Idee der Gerechtigkeit. Platon vertritt in der Politeia einen ethischen Realismus. Was bedeutet, dass er die Gerechtigkeit als einen in sich begründeten Wert ansieht. Die Gerechtigkeit existiert unabhängig von einer Handlung und einem handelnden Subjekt. Damit ist der Mensch nicht automatisch im Besitz der Gerechtigkeit bzw. der Ungerechtigkeit, sondern er kann lediglich an ihrer Idee teilhaben.

Die Voraussetzung zur Teilhabe an der Gerechtigkeit ist die Herrschaft der Vernunft über die Begierden. Im Gegensatz zum gerechten Mensch, dessen Vernunft die Begierden beherrscht, wird der ungerechte Mensch von seinen Begierden beherrscht. Die Teilhabe an der Idee der Gerechtigkeit setzt damit einen Seelenzustand voraus, der für sie empfänglich macht. Durch die Synthese der Position des sophistischen Machtpositivismus und der objektiv-utilitaristischen Auffassung zeigte Platon, dass die Gerechtigkeit ein Gut an sich ist. Dass sie außerdem wegen ihrer Folgen erstrebenswert ist, zeigte er durch die Entwicklung einer naturalistischen Deontologie aus dem konsequentualistischen und dem deontologischen Ansatz. Die Herrschaft der Vernunft ist daher die Bedingung zum Glück. Da laut Politeia allerdings nur sehr wenige Menschen dazu in der Lage sind, dauerhaft die Vernunft über die Begierden zu stellen, wird nur den wenigsten die Erfahrung des wahrhaften Glücks zuteil. Ohne die Anleitung des Philosophenherrschers wären die meisten Menschen nicht fähig, glücklich zu sein.

Die Nomoi machen Eingeständnisse gegenüber den moralischen Fähigkeiten der Menschen. Sie fordern kein metaphysisches Heil von ihren Bürgern, sondern Vernunft und Selbstbeherrschung im gewöhnlichen Sinn. Auch der Nomoistaat ist ein Erziehungsstaat. Die Tugenderziehung wird für alle Bürger vorgeschrieben, doch es erfolgt eine deutliche Absenkung des Niveaus gegenüber dem Ausbildungsgang der Wächter im Politeiastaat.[157] Es geht vielmehr darum, grundlegende Kulturtechniken wie das Lesen, Schreiben und Rechnen zu erlernen. Die Tugend bleibt das Ziel aller Erziehungsmaßnahmen.

---

[157] vgl. Hentschke 286f. / Müller 176 f. / Reiner 229 / Schöpsdau 120 ff.

Sie wird aber nicht durch das Ideenwissen gewonnen, sondern indem die Affekte den Gesetzen untergeordnet werden. Diese verkörpern sozusagen die ausgelagerte Vernunft. Eben weil die meisten Menschen nach Platons Ansicht nicht in der Lage sind, die Vernunft über ihre Begierden herrschen zu lassen, nimmt das Staatsmodell der Nomoi ihnen diese Aufgabe ab.

Die Gesetze und die Gütertafeln geben den Bürgern den Weg zum gerechten und glücklichen Leben vor, weil sie ihn aus eigener Kraft nicht finden würden. Die Gesetze sind eine Manifestation des Göttlichen und Platon fordert ihnen gegenüber unbedingten Gehorsam: „...und zwar muß dieser Gehorsam sich zuvörderst auf die Gesetze richten, weil ihnen gehorchen den Göttern gehorchen heißt..."[158] Hier besitzt die Religion wieder die Gestalt einer Volksreligion, welche die Gesetze als ein Produkt der Götter ausgibt, um ihnen bei den Bürgern Geltung zu verschaffen.

Reiner sieht darin einen Wechsel von einem anthropozentrischen Ansatz der Ethik zu einem theozentrischen.[159] Während die Politeia forderte, dass jeder sein Handeln nach den Prinzipien seiner Vernunft ausrichtet, nehmen die Nomoi den Bürgern diese Verantwortung, indem sie durch die Gesetze und die Religion verbindliche Richtlinien aufstellen. Die Ethik der Nomoi und der Politeia beruhen auf denselben Grundsätzen. Sie unterscheiden sich allein in der Umsetzung. Auch in den Nomoi geht Platon davon aus, dass es Ideen von den Tugenden gibt: „Oder wie könnten wir meinen, wenn uns dies entginge, daß wir dann jemals in Dem was zur Tugend gehört gehörig zu Hause sein könnten, da wir ja dann doch von ihr nicht einmal zu sagen wüßten ob sie ein Vielfaches oder ein Vierfaches oder in wie fern sie Eins sei."[160] Ebenso hält er die Gerechtigkeit und die Ungerechtigkeit nicht für Eigenschaften der Handlung, sondern für Seelenzustände des Handelnden, die sich dadurch auszeichnen, dass die Vernunft oder die Begierden vorherrschen.[161] Die Prinzipien der naturalistischen Deontologie, wonach das gerechteste Leben auch das glücklichste ist, lassen sich ebenfalls in den Nomoi nachweisen.[162] Platon muss jedoch davon

---

[158] Platon, Nomoi 762 e
[159] vgl. Reiner 229
[160] Platon, Nomoi 965 e
[161] vgl. Platon, Nomoi 863e / 864a
[162] vgl. Platon, Nomoi 662e

ausgegangen sein, dass sich diese Einsicht kaum an die Menschen vermitteln lässt, sonst wäre es unnötig, sie von ihrer eigenständigen Vernunfttätigkeit zu entbinden und sie durch Gesetze zu kontrollieren. Ist es möglich, dass der Mensch in der Politeia noch als eigenständig denkendes Wesen angesehen wird, aus dem in den Nomoi ein Mitläufer wird? Die zahlreichen Gesetze der Nomoi versuchen, alles im Staat aufs Genauste zu regeln. Während die Politeia einen Staat beschreibt, dessen Bürger aus eigenem Antrieb dem Vorbild ihres Herrschers folgen, lassen die Gesetze den Bürgern des Nomoistaates keinen Freiraum für eigenständiges Handeln.

3.1.3 Anthropologie

Um herauszufinden, ob es eine Veränderung im Menschenbild gibt, werden nun die anthropologischen Grundannahmen der Politeia und der Nomoi verglichen. Die Politeia stellt den Mensch als ein Poliswesen dar, das auf den Staat angewiesen ist. Für diese Abhängigkeit werden zweierlei Gründe genannt. Das ökonomische Argument besteht darin, dass der Mensch zur Deckung seiner Grundbedürfnisse auf die Zusammenarbeit mit anderen Menschen angewiesen ist. Die technische Arbeitsteilung, in der jeder eine konkrete Aufgabe zu erfüllen hat, ist daher eines der Hauptmerkmale des Politeiastaates. Die zweite Begründung des Polischarakters der Menschen besteht in der Verbindung einer anthropologischen mit einer epistemologischen Argumentationsweise. Die Untersuchung der anthropologischen Grundannahmen der Politeia ergab, dass diese davon ausgeht, dass der Mensch sich durch drei Seelenteile auszeichne. Der vernünftige Seelenteile strebe nach Einsicht, der mutige Seelenteil nach Sieg und der begehrende Seelenteil nach Geld. Diese Seelenteile existieren nicht gleichwertig nebeneinander, sondern ihr Verhältnis zeichne sich dadurch aus, dass immer einer der Teile über die anderen herrsche. Die natürliche Bestimmung des Menschen bestehe jedoch darin, den vernünftigen Seelenteil vorherrschen zu lassen. Denn die Vernunft ermögliche es den Menschen, die Stufenleiter der Erkenntnis zu beschreiten und schließlich die Ideen zu erkennen. Das epistemologische Argument wird an dieser Stelle mit der anthropologischen Aussage verknüpft. Demnach zeichnet sich das Wesen des Menschen durch verschiedene Seelenteile aus, von denen der vernünftige Teil Einsicht in die Ideen nehmen kann. Es gibt damit verschiedene Stufen der Wahrheit. Die Einsicht in die oberste Stufe bedeutet die Erkenntnis einer unverfälschten Wahrheit. Allein diese Einsicht kann den Mensch glücklich machen. Denn nur durch die Orientierung an den Ideen kann ein Mensch gerecht werden und nur der gerechte Mensch wird auf lange Sicht glücklich. Wie uns das Höhlengleichnis vorführt, sind die meisten Menschen jedoch nicht in der Lage, sich von ihren Fesseln zu befreien. Um selbst zu glücklichen weil gerechten Menschen zu werden, sind sie auf die Hilfe anderer angewiesen, die sich von ihren Fesseln befreien, die Ideen schauen und den anderen ihre Erkenntnisse mitteilen. Die Annahme, dass Glück letztendlich von der Erkenntniskraft abhängt, und die weitere Annahme, dass die Erkenntniskraft der meisten Menschen zu gering ist, um glücklich zu sein, dient der Rechtfertigung der Philosophenherrschaft im Staatsmodell der Politeia. Der Umstand, dass die Menschen im Politeiastaat nahezu ohne Gesetze leben, bedeutet nicht, dass die anthropologischen Grundannahmen der Politeia den Bürgern mehr Eigenständigkeit zutrauen. Wenn wir die anthropologischen Grundannahmen der Nomoi betrachten, dann stellt sich heraus, dass sie nicht von denen der Politeia abweichen.

Auch in den Ausführungen der Nomoi wird deutlich, wie sehr der Mensch zur Ausübung seiner Arete auf die Gemeinschaft angewiesen ist. Damit sind auch hier das individuelle Glück und das Glück der Gemeinschaft untrennbar miteinander verbunden. Wie wir gesehen haben, unterscheidet Platon hier zwischen einem göttlichen und einem menschlichen Seelenteil. Das Ziel jedes Menschen sollte sein, die menschliche Lust zu besiegen und durch die Nutzung des göttlichen Seelenteils gerecht zu werden. Die Ungerechtigkeit entstehe nämlich durch einen Mangel an Einsicht. Der Mensch habe deswegen die Pflicht, seine Unwissenheit zu überwinden und sich die Lehrer der Arete zu suchen. Der erste Schritt besteht darin, die eigene Unwissenheit zu erkennen und Scheinwissen zu überwinden. So weit kann man festhalten, dass auch hinsichtlich der anthropologischen Grundannahmen kein Unterschied zwischen der Politeia und den Nomoi besteht. Platon vertritt konstant dieselben epistemologischen, ethischen und anthropologischen Grundannahmen. Die Nomoi präsentieren den Inhalt der Politeia in einem anderen Gewand. Wenn dieser Wandel von der Philosophenherrschaft zum Gesetzesstaat sich jedoch nicht durch eine Veränderung der philosophischen Grundannahmen erklären lässt, dann muss seine Ursache anderweitig gesucht werden. Zur Klärung dieser Frage kann der Politikos-Dialog beitragen.

3.2 Politikos: Philosophenherrschaft oder Gesetzesstaat?

Im Politikos setzt sich Platon mit der Frage auseinander, ob die persönliche Herrschaft oder die Herrschaft der Gesetze am besten für die Lenkung des Staates geeignet ist. Ihren Ausgangspunkt nimmt diese Untersuchung bei dem Versuch, eine Definition für die Staatskunst zu finden. Von dort aus gelangt sie zu einer Betrachtung der Gesetze. Der Dialog unternimmt eine Positionsbestimmung der Gesetze im idealen und im zweitbesten Staat. Damit verhandelt der Politikos die Grundpositionen der Politeia und der Nomoi. Die Philosophenherrschaft und der Gesetzesstaat werden gegeneinander abgewogen. Die Idee des Staatsmannes, eines Kundigen der Staatskunst, soll zu Beginn dargestellt werden. Es soll bestimmt werden, über wen der Staatsmann herrscht und welcher Art seine Erkenntnis ist.[163] Dabei wählt Platon die Methode eines Ausschlussverfahrens. Er geht davon aus, dass der Arbeit des Staatsmannes eine Erkenntnis zu Grunde liegt und beginnt dann, jeweils zwei weitere Unterteilungen zu machen, von denen nur eine die zutreffende ist. Die Staatskunst wird zuerst als einsehende und nicht verrichtende Erkenntnisweise bestimmt. Diese unterteilt sich wiederum in die beurteilende und die gebietende Erkenntnis. Die Staatskunst wird als eine gebietende Erkenntnis bestimmt usw... Platon arbeitet das Bild des Staatsmannes heraus, indem er Schritt für Schritt einen Teil wegnimmt und einen anderen übrig lässt. Nachdem er auf diese Weise festgelegt hat, welche Erkenntnis der Staatsmann hat und über wen er gebietet, gelangt er zu einer ersten Definition, die besagt, dass die Staatskunst eine selbstgebietende Kunst ist, die über Menschen herrscht.[164] Später wird diese Bestimmung durch den Zusatz präzisiert, dass die Staatskunst den Staat bessern und erhalten soll.[165]

Der Staatmann müsse in der Lage sein, abstrakte Dinge wie das Gute und das Schöne durch seine dialektischen Fähigkeiten zu bestimmen und es an die Bürger zu vermitteln. Platon fordert die Herrschaft des politischen Expertentums. Bei diesem Expertentum handelt es sich um ein theoretisches Wissen, für das Autorität beansprucht wird. Wie kann ein theoretisches Wissen Anweisungen für die Praxis geben, wenn es zu dieser keinen unmittelbaren Bezug

---

[163] vgl. Platon, Politikos 257 a – 268 a
[164] vgl. Platon, Politikos 268 a
[165] vgl. Platon, Politikos 293 c ff.

hat? Wodurch zeichnet sich das Expertenwissen aus? „His art is indirectly involved into production, though he himself produces nothing. Yet a sceptic might still ask, what kind of knowledge could possibly be relevant to such second-order production."[166] Die besondere Aufgabe der Staatskunst besteht laut Politikos darin, über die anderen Künste zu herrschen, „indem sie den Anfang und Antrieb zu allem Wichtigsten im Staat nach Zeit und Unzeit erkennt ..."[167] Das Wissen des Staatsmannes besteht demzufolge in der Kenntnis des „kairos". Dieser Begriff meint den günstigen Augenblick. Das griechische Wort „egkairias" bezeichnet den richtigen Zeitpunkt, während „akairias" den falschen Zeitpunkt bezeichnet.[168] Die Staatskunst soll bestimmen, wann eine der ihr untergeordneten Künste ihre Arbeit beginnen und wann sie ihre Arbeit stoppen soll. Die sogenannten ‚edlen Künste' sind unmittelbar der Staatskunst unterstellt. Zu ihnen zählen die Kriegskunst, die Rechtswissenschaft und die Rednergabe. Die Aufgabe des Staatsmannes besteht darin, je nach der augenblicklichen Situation des Staates zu entscheiden, welche der Künste sich für die Lösung des Problems am besten eignet.[169] „Debating cannot decide whether if it's best to stop debating; fighting cannot decide to stop and give way to dialogue."[170] Keine der Künste kann aus sich selbst heraus beurteilen, wann ihr Einsatz vonnöten ist. Derartige Entscheidungen liegen allein bei dem Staatsmann.[171] Diese deutliche Trennung der Zuständigkeiten, die von jedem Bürger die Beschränkung auf seine spezielle Aufgabe fordert, wurde auch in dem Staatsmodell der Politeia deutlich. Dort beschreibt Platon die Ausbildung zum Philosophenherrscher, den seine Einsicht befähigt, die entscheidenden Bestimmungen zum Erhalt und zur Besserung des Staates zu treffen. Das Kairos verbindet in sich das Wissen um das Gute und um den günstigen Augenblick. Was die Unkenntnis des Kairos zur Folge hat, zeigt sich deutlich an dem Verfallsmodell der Politeia. Dort führt die Unkenntnis des Kairos zur Zeugung schlechter Nachfahren, aus deren Handlungen schließlich der Verfall des Staates resultiert.[172] Damit konnte die De-

---

[166] Lane 141
[167] Platon, Politikos 305 d
[168] vgl. Lane 143 ff.
[169] vgl. Platon, Politikos 304 e ff.
[170] Lane 143
[171] vgl. Platon, Politikos 304 a ff.
[172] vgl. Platon, Politeia 546 d

finition der Staatskunst weiter präzisiert werden. Es handelt sich bei ihr um eine Menschen hütende, selbstgebietende Kunst, die durch die Kenntnis des richtigen Augenblicks den Einsatz der anderen Künste koordiniert. Außerdem ist es die Aufgabe der Staatskunst, Einheit unter den Bürgern zu schaffen. In diesem Zusammenhang gebraucht Platon die Weberei als Metapher für die Tätigkeit eines Politikers.[173] Er hat aus den verschiedenen Teilen des Staates eine kompakte Einheit zu erzeugen. Worin besteht die Verschiedenheit und wie lässt sich aus ihr eine Einheit bilden? Die Menschen unterschieden sich im Wesentlichen durch ihre Tugenden. Den Tapferen werden Eigenschaften wie Schnelligkeit, Kräftigkeit und Beweglichkeit der Gedanken, des Körpers und der Stimme zugeschrieben. Die Tapferkeit sei auf das Handeln angelegt. Die Besonnen seien gerecht, heilsam und vorsichtig. Beide Tugenden seien für den Erhalt des Staates wichtig, denn der Besonnene werde zwar Frieden halten, doch er sei wehrlos, wenn er angegriffen werde; der Tapfere werde sich zur Wehr setzen, jedoch oftmals selbst der Ursprung von Unruhen sein. Die Politik soll dafür sorgen, dass alle Teile im Staat sinnvoll zusammenarbeiten. Laut Politikos hat sie zu diesem Zweck einen menschlichen und einen göttlichen Bund zwischen den Menschen zu schließen. Der menschliche Bund besteht in den Bestimmungen der Ehegesetzgebung. Diese sollen dafür sorgen, dass sich Ehepartner mit verschiedenen Tugenden zusammentun, damit ihre Nachkommen die positiven Aspekte beider in einer Person vereinen. Die Parallele zwischen der Struktur des Staates und der Struktur des Menschen, wie wir sie bereits aus der Politeia kennen, findet sich auch im Politikos wieder. Der göttliche Bund besteht in der Erzeugung einer gemeinsamen Vorstellung vom Schönen, Guten und Gerechten und deren Gegenteilen. Auch diese Zielvorgabe begegnete uns bereits in der Politeia und in den Nomoi. Dort sollte der Staat durch die verschiedenen Zweige der Tugenderziehung für eine gemeinsame Ausrichtung der Bürger sorgen. Damit bestehen die Aufgaben des Staatsmannes im Wesentlichen in der Erzeugung der Einheit unter den Bürgern und in der Koordination der anderen Künste:

„... the statesman as the commander of the *kairos*, ordering the other arts to start and stop; and the statesman as the political weaver, con-

---

[173] vgl. Platon, Politikos 279 b ff.

cerned with intertwining two opposite groups of citizens."[174] Die Gesetze dienen dem Staatsmann als Mittel zur Erfüllung seiner Aufgaben. In der Politeia und im Politikos regiert der wahre Staatsmann zwar mit den Gesetzen, da er sich nicht um jeden Fall einzeln kümmern kann, er ist jedoch nicht an die Vorgaben der Gesetze gebunden. Das heißt, er kann auch gegen sie entscheiden, wenn ihm ein anderes Vorgehen unter den gegebenen Umständen sinnvoller erscheint. „Aber von dem Wissenden, dem wahrhaften Staatsmann sagen wir doch, wenn wir uns recht erinnern, dass er mit Kunst gar vieles in seinem Geschäft vornehmen werde, ohne sich um das Geschriebene zu kümmern, wenn ihm etwas anderes besser scheint als das, was er selbst aufgeschrieben und etwa Entfernten geschickt hat."[175] Durch diesen Umgang mit den Gesetzen wird der wahre Staatsmann den Veränderungen einer dynamischen Wirklichkeit gerecht. Die Gesetze müssen den zukünftigen Veränderungen der Lebensumstände angepasst werden. Treten plötzlich unvorhersehbare Veränderungen ein, dann könnte es für den Staatsmann unumgänglich sein, Entscheidungen zu treffen, die gegen bestehende Regeln verstoßen.[176] Die Regierung solle, genau wie ein Arzt, allein nach ihrer Kunst beurteilt werden, d. h., ob sie arm oder reich ist, sich an die geschriebenen Satzungen hält oder nicht und ob sie mit dem Willen des Volkes oder gegen seinen Willen regiert, sei zweitrangig. Was zählt, sei allein die Besserung und der Erhalt das Staates.[177] Damit stellt Platon die Ziele ganz eindeutig über die Mittel. Der Nachteil der Philosophenherrschaft besteht darin, dass das Volk unter Umständen die Härte der Entscheidungen des wahren Staatsmannes über sich ergehen lassen muss. Im Gesetzesstaat existieren zwar feste Regeln, auf die es sich berufen könnte, doch die Starrheit dieser Regeln könnte verhindern, dass eine notwendige Entscheidung getroffen wird, die vom Gesetz abweicht.[178] Die Gesetze sind daher nicht an sich gut oder schlecht. Ihre Vor- und Nachteile ergeben sich je nachdem, ob sie von einem Philosophenherrscher oder in einem Gesetzesstaats eingesetzt werden.

---

[174] Lane 177
[175] Platon, Politikos 300 d
[176] vgl. Platon, Politikos 294 a
[177] vgl. Platon, Politikos 293 a - c
[178] vgl. Lane 162

In einem reinen Gesetzesstaat besteht der Vorteil der Gesetze darin, dass sie sich an die Allgemeinheit wenden und nicht in jedem Einzellfall das Urteil von Grund auf hergeleitet werden muss. Außerdem liefern sie einen objektiven Maßstab, an dem sich nicht nur die Handlungen der Bürger, sondern auch die Handlungen der Regierung messen lassen. Dadurch können sie die Bürger vor Übergriffen durch die Machthaber schützen.[179] Andererseits können die Gesetze, wie bereits ausgeführt, die richtigen Entscheidungen sogar verhindern. Ihr Mangel an Einsicht bindet die Regierung des Gesetzesstaates an die Gesetze. Da sie selbst keine Einsicht in die absoluten Werte zu nehmen vermögen, müssen sie sich an den Richtlinien ihrer Vorgänger orientieren. Diese stammen womöglich aber aus einer Zeit, in der völlig andere Lebensumstände herrschten. Wenn sie seitdem nicht erneuert wurden, dann können sie unter den veränderten Umständen ihre Aufgabe nicht mehr erfüllen. Im Nomoistaat werden die Handlungskompetenzen durch die Gesetze eingeschränkt. Dies bedeutet einerseits Schutz vor Machtmissbrauch. Andererseits werden die Gesetze der dynamischen Realität nicht gerecht. Ohne die Einsicht in die absoluten Werte, so Platons Aussage, lassen sich auch die Gesetze nicht sinnvoll anwenden. Für den Idealstaat existiert daher kein Entweder-oder bei der Frage, ob er durch Gesetze oder den Philosophenherrscher regiert werden sollte. Der Idealstaat braucht immer Gesetze und den Philosophenherrscher. Dort binden die Gesetze den Herrscher nicht an sich, sondern er kann auch gegen sie entscheiden, falls eine Situation dies verlangt. Andererseits erfordert sein freier Umgang mit der Auslegung der Gesetze ein großes Vertrauen seitens des Volkes in die guten Absichten seines Herrschers. Denn das Volk kann doch gerade auf Grund seines Mangels an Einsicht nicht beurteilen, ob es einen tatsächlichen Philosophenherrscher vor Augen hat, dem einzig daran gelegen ist, die Idee der Gerechtigkeit zu verwirklichen, oder ob ihm ein Wolf im Schafspelz gegenübersteht, der es wie ein Tyrann aus der früheren Knechtschaft nur befreit, um es selbst zu unterdrücken. Der Nomoistaat verhindert Machtmissbrauch und der Politeiastaat orientiert sich direkt an der Idee des Guten, sofern in ihm ein wahrer Staatsmann regiert.

---

[179] vgl. Politikos 294 a ff.

Indem man die Argumentation des Politikos in die Bewertung der Nomoi und der Politeia einbezieht, kommt man zu folgendem Ergebnis:

Platon beschreibt in der Politeia einen idealen Staat. Er führt vor, was Gerechtigkeit für den Einzelnen und für den Staat bedeutet, wie man diese Gerechtigkeit erlangt und wie eng das Glück des Einzelnen und das Glück der Gemeinschaft miteinander verwoben sind. Hentschke interpretiert die Politeia als ein Modell zur Auffindung des gerechten Menschen.[180] Es gehe um die Darstellung des Ganzen, die nicht durch die Beschäftigung mit zu vielen Einzelheiten aus dem Auge verloren werden soll. Die Politeia richtet sich an den einzelnen Mensch. Sie will ihm vorführen, dass die philosophische Bildung zur sittlichen Einsicht führt, die wiederum den gerechten Mensch erzeugt. Man solle sich auf den Weg machen, die Höhle zu verlassen, um durch die eigene Vernunft auf direktem Wege zur Wahrheit zu gelangen. Dagegen stellen die Nomoi sehr konkrete Regeln für das Zusammenleben in einem Staat auf. Sie wollen eine paradigmatische Gesetzgebung vorlegen, die Aussagen bezüglich der richtigen Ausführung einer Staatsgründung trifft.[181] Die Politeia liefert die Skizze eines idealen Staates, welche die Nomoi an die Realität angleichen. Handelt es sich bei diesen Staatsentwürfen um konkurrierende Modelle oder ergänzen sie sich? Die Nomoi lassen dennoch auch als Gegenentwurf zur Politeia betrachten. Sie erklären die Politeia für unmöglich und wollen sie ersetzen. Als Gründe für die Unmöglichkeit werden zwei Argumente angeführt. Die Seltenheit des wahren Wissens und die moralische Schwäche des Menschen führen zwangsläufig zur Gründung des Nomoistaates. Diese Argumente gegen den Politeiastaat lassen sich sowohl in den Nomoi als auch im Politikos finden. So spricht laut Politikos gegen den Idealstaat, „daß nie eine Menge, von was für Menschen es auch sei, zu dieser Erkenntnis gelangen und imstande sein kann, vernunftmäßig einen Staat zu verwalten ..."[182]

Selbst wenn es einem Menschen gelänge, zur höchsten Erkenntnis zu gelangen, dann wird er laut Nomoi: „... schwerlich stark genug sein, diesem Grundsatz treu zu bleiben und sein ganzes Leben hindurch vor allem andern stets das allgemeine Beste des Staates zu

---

[180] vgl. Hentschke 286 f.
[181] vgl. Platon, Nomoi 968 c
[182] Platon, Politikos 297 c

fördern und ihm sein eigenes Sonderinteresse nachzustellen, sondern die Schwäche der Menschennatur wird ihn stets zur Habsucht und zur Wahrnehmung seines eigenen Vorteils treiben ..."[183] Doch nicht allein die Regierenden, sondern auch die Regierten seien nicht in der Lage, den hohen sittlichen Anforderungen der Politeia gerecht zu werden.[184] Die wirkliche Umkehr der Seelen vom Schein zum Sein spielt daher in den Nomoi keine Rolle. Laut Müller halten die Nomoi eine moralische Läuterung für unmöglich.[185] Deswegen sind die Menschen auf die Gesetze angewiesen. Ihre eigene moralische Schwäche führt zur Errichtung des Gesetzesstaates. Doch diesen Nomoistaat erklärt möglicherweise die Politeia wiederum für unmöglich. Die Gesetze, also die Passagen, die den größten Anteil des Nomoitextes ausmachen, werden für überflüssig erklärt und mit Heilmitteln verglichen, die nichts nutzen. Der einzige Weg zur Herstellung der Gerechtigkeit ist gemäß der Politeia die innere Umkehr des Menschen.[186] Man kann daher zu dem Ergebnis gelangen, dass sich beide Entwürfe unversöhnlich gegenüberstehen, dass sie sich nicht miteinander vereinbaren lassen, weil sie sich in einer grundlegenden Frage nicht einigen können. Die Politeia bestimmt das Ideenwissen als einzigen Weg zur Errichtung des gerechten Staates und hält die Starrheit der Gesetze für ein unzweckmäßiges Mittel zur Leitung des Staates. Die Nomoi erklären wiederum die Ansprüche der Politeia für zu hoch gegriffen und senken die Anforderungen an die Regierenden und die Regierten infolgedessen ab. Diese Absenkung des Niveaus bedeutet jedoch nicht zwangsläufig, dass die Nomoi mit den Ansprüchen der Politeia unvereinbar wären. Daher muss die Beziehung der Dialoge nicht als Konkurrenzverhältnis interpretiert werden. Die Nomoi können durchaus eine Ergänzung zur Politeia sein, die nur ‚eine andere Seite der Medaille' zeigt. Feste gesetzliche Regelungen dienen für den Fall, dass es keinen Philosophenherrscher gibt, in dem sich Macht und Einsicht verbinden. Dadurch wird jedoch keineswegs die Gültigkeit der Politeia in Frage gestellt. Der hier durchgeführte Vergleich zwischen den Grundannahmen beider Staatsmodelle kommt zu dem Ergebnis, dass Platon in den Nomoi noch dieselben Grundannahmen vertritt wie in der Politeia. Zwischen der Philosophenherrschaft und dem Gesetzes-

---

[183] Platon, Nomoi 875 b
[184] vgl. Nomoi 739 d / 740 a
[185] vgl. Müller 160 f.
[186] vgl. Platon, Politeia 425 b – 427 a

staat bestehen keine grundlegenden Unterschiede. Der Politikos wägt beide Modelle gegeneinander ab und kommt zu dem Ergebnis, dass der ideale Staat nur in einer Verbindung beider Staatsmodelle bestehen kann. Die Gerechtigkeit lässt sich im Staat nur dann verwirklichen, wenn ein Vernunftherrscher mit Gesetzen regiert. Der ideale Staat findet sich daher weder in der Politeia noch in den Nomoi. Diese zeigen lediglich die beiden Extreme - die Philosophenherrschaft und den Gesetzesstaat - die es zur Realisierung des wahren Idealstaates zu vereinen gilt.

4. Fazit

In Platons Staatsphilosophie begegnen uns durch die Politeia ein Staatsmodell der Philosophenherrschaft und durch die Nomoi ein Staatsmodell der Gesetzesherrschaft. In der vorliegenden Arbeit wurde eine Analyse und ein anschließender Vergleich beider Modelle durchgeführt. Ziel war es herauszufinden, worin sich beide Modelle ähneln und unterscheiden und letztendlich auch, in welchem Zusammenhang sie stehen. Favorisiert Platon die Philosophenherrschaft oder den Gesetzesstaat oder unterscheiden sich diese bei genauem Hinsehen gar nicht so sehr voneinander, sondern präsentieren nur zwei Seiten einer Medaille?

Um dies herauszufinden, wurden zunächst die beiden Staatsmodelle getrennt untersucht. Der Leser sollte zwei Eindrücke gewinnen, um deren Vergleich später genau nachvollziehen zu können. Die Analysen wurden mit einer Schilderung des Staatsmodells eingeleitet, die den Zweck hatte, die Strukturen des Staates aufzudecken. Dabei ging es um die Beantwortung einiger grundlegender Fragen, beispielsweise, warum die Menschen sich überhaupt zu einem Staat zusammenschließen, welche Realisierungsbedingungen sich hinter Platons Beschreibungen ausmachen lassen u. Ä. Damit bewegten sich die Analysen der Politeia und der Nomoi noch an der Oberfläche des Textes. Dies war jedoch die notwendige Voraussetzung zur Aufdeckung der epistemologischen, ethischen und anthropologischen Grundannahmen. Es ging darum herauszufinden, wie Wahrheit, Gerechtigkeit und das Wesen des Menschen definiert werden. Der anschließende Vergleich der Philosophenherrschaft und der Gesetzesherrschaft ergab überraschenderweise, dass die Grundannahmen beider Modelle identisch sind. Überraschend insofern, weil sich die Oberflächen beider Staaten deutlich unterscheiden. In der Politeia steht der sogenannte Philosophenherrscher an der Spitze des Staates, während der Nomoistaat durch Gesetze regiert wird. Die Gesellschaft des Politeiastaates unterteilt sich hierarchisch auf der Grundlage der Fähigkeiten ihrer Mitglieder. Im Nomoistaat existiert zwar auch eine Aufgabenverteilung, aber es gibt keine strikten Unterteilungen der Gesellschaft. Wie lassen sich also die Unterschiede zwischen Politeia und Nomoi erklären, wenn doch beide Modelle dieselben Grundannahmen machen? Zur Klärung dieser Frage wurde der Politikos-Dialog in die Arbeit eingebunden. Anhand dessen konnte der Zusammenhang der beiden Werke aufgezeigt werden. Platon geht es nicht um ein Entweder-oder zwischen der Philosophenherrschaft und dem Gesetzesstaat. Beide Werke stellen Extrempositionen dar, die er aus konstanten Grundannahmen ableitet. In der Politeia spielt die Philosophie die entscheidende Rolle. Sie ist das Wissen, das die Bürger und den ganzen Staat zur Gerechtigkeit und zum Glück anleitet. Dieses Wissen existiert auch in den Nomoi, allerdings nicht in Einheit mit der Macht eines Philosophenherrschers. Beide Systeme weisen gewissen Schwachstellen auf, die Platon auch selbst erkannte. So kann ein Einzelner die ihm verliehene Macht zur Unterdrückung der Bürger gebrauchen, wenn es keine Institutionen gibt, die ihm Einhalt gebieten. Die Nomoi sind daher eine Reaktion auf die Politeia. Sie behandelt gezielt die Gesetze als Mittel zur Machtbeschränkung. Ihr Nachtteil, so würde die Politeia argumentieren, besteht aber wieder in einer zu engen Gebundenheit an die Gesetze. Diese zeigen immer nur einen Ausschnitt der Gerechtigkeit, der auf die Situation passt, in der sie angefertigt wurden. Wahre Gerechtigkeit können sie jedoch auf Dauer nicht gewährleisten. Dies kann wiederum allein die Einsicht des Philosophenherrschers. Die Politeia und die Nomoi befinden sich dennoch nicht in einem Konkurrenzverhältnis, sondern sie nähern sich dem Problem von verschiedenen Seiten, um es schließlich durch die Vereinigung ihrer Stärken zu beseitigen. Der ideale Staat findet sich weder in der Politeia noch in den Nomoi. Durch den Politikos zeigt Platon, dass der ideale Staat in einer Verbindung aus der Philosophenherrschaft und dem Gesetzesstaat besteht.

Welche Konsequenzen ergeben sich aus heutiger Sicht daraus?

Die Philosophie der Moderne steht nicht an der Spitze der Wissenschaften, sondern sie liegt zwischen ihnen. Ihre Aufgabe besteht in der Förderung des Problem-, Methoden- und Sinnbewusstseins. Sie gilt nicht als Heilsbringerin, sondern sie organisiert die Kommunikation und Integration der Einzelwissenschaften. Die Philosophie hat einen systematischen Anteil an der Organisation der Wissenschaften. Der rasante Fortschritt der Wissenschaften auf sämtlichen Gebieten – die Genetik sei nur als ein populäres Beispiel genannt – droht das Problembewusstsein weit hinter sich zu lassen. Alles, was gemacht werden kann, scheint auf lange Sicht auch gemacht zu werden und sei es nur des Fortschritts selbst wegen. Unter solchen Umständen wäre nichts so wünschenswert wie ein allgemein akzeptierbarer absoluter Maßstab, an dem sich derartige Unternehmungen messen ließen. Aus dem Mangel an einem solchen folgt jedoch nicht die Entscheidungsunfähigkeit. Der Diskurs auf der Basis der Vernunft und der freien Meinungsäußerung kann einen wichtigen Beitrag zur Aufdeckung der Handlungsprinzipien liefern. Er trägt zur schrittweisen Annäherung an die Wahrheit bei.

5. Literaturangaben

Quellentexte:
Platon: Der Staat. Stuttgart 1982
Platon: Sämtliche Werke; Band 3. Reinbek bei Hamburg 1994
Platon: Sämtliche Werke. Die Werke des Aufstiegs. Zürich 1973
Platon: Sämtliche Werke. Spätdialoge. Zürich 1973
Platon. Sämtliche Werke. Nomoi. Frankfurt am Main 1991
Popper, K.: Die offene Gesellschaft und ihre Feinde. (Teil 1). Tübingen 1992

Sekundärliteratur :
Annas, J.: Politics and Ethics in Plato's Republic. In: Höffe, O. (Hrsg.): Platon, Politeia. Berlin 1997

Frede, D.: Die ungerechten Verfassungen und die ihnen entsprechenden Menschen. In: Höffe, O. (Hrsg.): Platon, Politeia. Berlin 1997

Gauss, H.: Handkommentar zu den Dialogen Platons (1,1; 2,2; 3,1; 3,2). Bern 1961

Hentschke, A. B.: Politik und Philosophie bei Platon und Aristoteles. Frankfurt am Main 1971

Höffe, O.: Politische Gerechtigkeit. Grundlegung einer historischen Philosophie von Recht und Staat. Frankfurt am Main 1987

Hösle, V.: Wahrheit und Geschichte. Studien zur Struktur der Philosophiegeschichte unter paradigmatischer Analyse der Entwicklung von Parmenides bis Platon. Stuttgart-Bad Cannstatt 1984

Krämer, H. J.: Das Problem der Philosophenherrschaft bei Platon. Philosophisches Jahrbuch, 84, (1967)

Lane, M.: Method and Politics in Plato's "Statesman". New York 1998

Müller, G.: Studien zu den Platonischen Nomoi. Hrsg.: Burck, E. und Diller, H., München 1968

Reeve, C. D. C.: Philosopher kings: The argument of Plato's Republic. Princeton 1988

Reiner, H.: Platons Begründung der Ethik. Zeitschrift für philosophische Forschung, 35, (1981)

Schöpsdau, K.: Platon, Nomoi (Gesetze). Buch 1 - 3. Göttingen 1994

Spaemann, R.: Die Philosophenkönige. In: Höffe, O. (Hrsg.): Platon, Politeia. Berlin 1997

Szlezak, T.: Das Höhlengleichnis. In: Höffe, O. (Hrsg.): Platon, Politeia. Berlin 1997

Voegelin, E.: Anamnesis. Zur Theorie der Geschichte und Politik. München 1966

www.ingramcontent.com/pod-product-compliance
Lightning Source LLC
Chambersburg PA
CBHW031223230426
43667CB00009BA/1449